随画家子木寻访毛泽东

转战陕北走过的地方

子木……著

图书在版编目（CIP）数据

窑洞红光. 延安出发 / 子木著. — 北京：首都师范大学出版社，2022.1
ISBN 978-7-5656-6808-1

Ⅰ. ①窑… Ⅱ. ①子… Ⅲ. ①毛泽东（1893—1976）–生平事迹Ⅳ. ①A752

中国版本图书馆CIP数据核字（2022）第008131号

YAODONG HONGGUANG YAN'AN CHUFA
窑洞红光　延安出发
子木 著

责任编辑　徐建辉
首都师范大学出版社出版发行
地　址　北京西三环北路105号
邮　编　100048
电　话　68418523（总编室）68982468（发行部）
网　址　http://cnupn.cnu.edu.cn
印　刷　中煤（北京）印务有限公司
经　销　全国新华书店
版　次　2022年1月第1版
印　次　2022年1月第1次印刷
开　本　787mm × 1092mm　1/16
印　张　15
字　数　216千
定　价　70.00元

相信这是神秘的力量，
将苦闷许久的我从喧嚣都市吸引到黄土高坡，
那一孔一孔破旧的土窑，
在灰暗深处透出一缕红光。

毛泽东和中共中央转战陕北路线图
（1947年3月18日—1948年3月23日）
榆林
凌霄塔
玉皇寺石窟
朱官寨殷家湾
朱官寨阳坬
杨家园则
白龙庙
佳县
香炉寺
凌云塔（塔）
云岩寺
梁家岔
张家崖窑
曹庄
吕家坪
东元
阎家峁
神泉堡
南河底
白云山
白云观
乌龙铺
沙家店
陈家岔
谭家坪
申家崄
峪口
米脂
坑镇
杨家沟
吉镇
螅镇
刘家坪
川口
高家
井家坪
巡检司
子洲
（双湖峪）
李家崖
延家岔
黄家沟
绥德
吴堡
（宋家川）
田庄
靖边
横山
火石山
（小水沟）
肖崖则
青阳岔
小河
石家湾
庄窠坪
高家塌
邱家坪
枣林则沟
天赐湾
王家湾
任家山
王沟
王家坪
子长
（瓦窑堡）
钟山石窟
好坪沟
杨家园则
清涧
高家硷
徐家沟
羊马河
刘家渠
安塞
蟠龙
延川
志丹
（保安）
青化砭
枣园
杨家岭
王家坪
桥儿沟
延长
清凉山
宝塔山
延安
凤凰山
西北局旧址
固临
金盆湾
甘泉
南泥湾
绥远
陕
陕甘宁边区
晋绥边区
山西
黄河
无定河
葭芦河
五女河
大理河
淮宁河
延河
秀延河
清涧河
延河
图例
行军路线
驻地
到达未住
城镇
战役
村庄

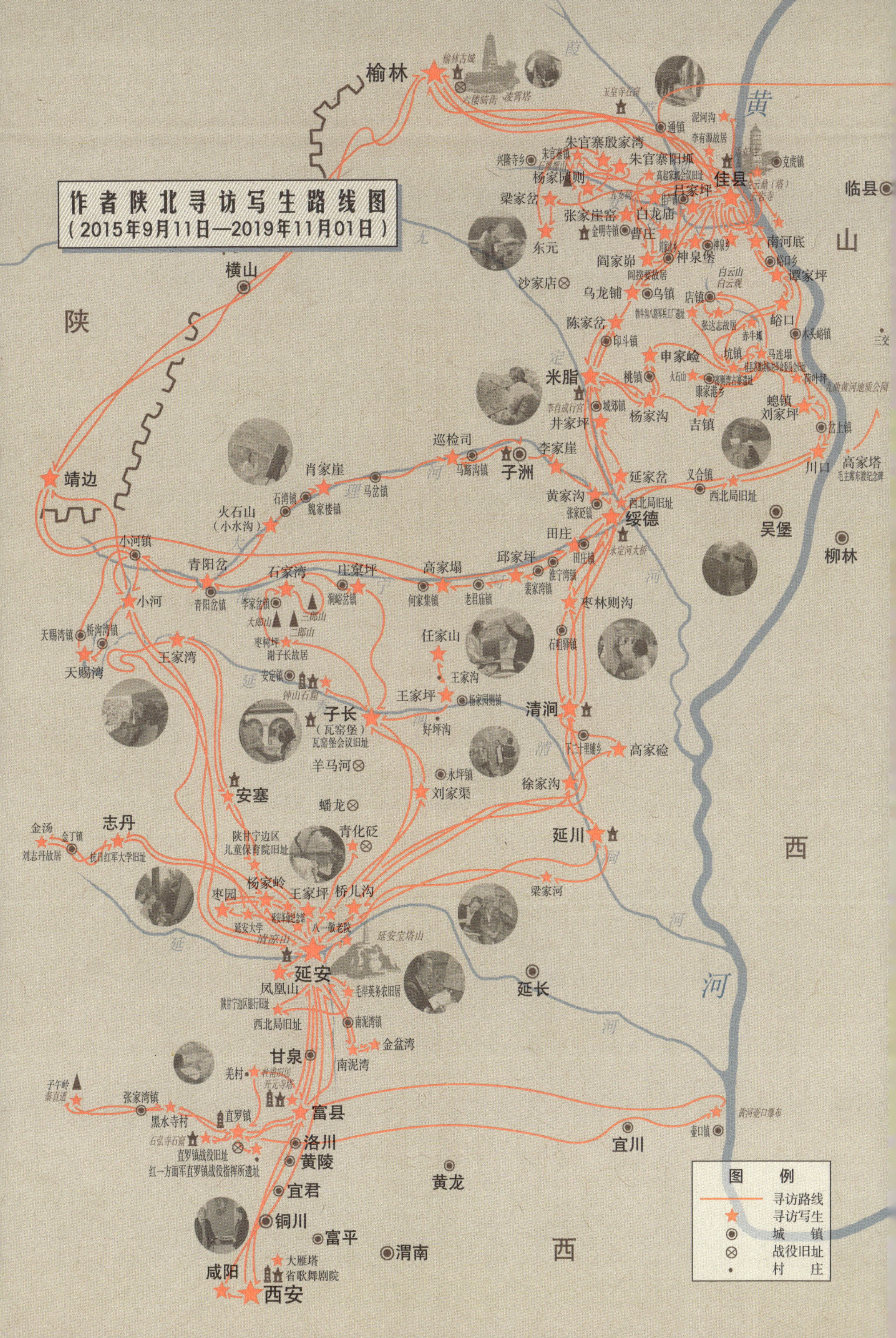

作者陕北寻访写生路线图
（2015年9月11日—2019年11月01日）
榆林
榆林古城
凌霄塔
通镇
泥河沟
朱官寨殷家湾
朱官寨旧址
兴隆寺乡
杨家园则
梁家岔
张家崖窑
白龙庙
吕家坪
佳县
克虎镇
临县
东元
金明寺镇
曹庄
南河底
阎家峁
神泉堡
谭家坪
沙家店
乌龙铺
乌镇
白云山
白云观
店镇
陈家岔
峪口
木头峪镇
三交
印斗镇
坑镇
马连塌
申家崄
米脂
桃镇
李自成行宫
刘家坪
螅镇
城郊镇
杨家沟
井家坪
吉镇
盐上镇
川口
高家塔
巡检司
马蹄沟镇
子洲
李家崖
延家岔
义合镇
西北局旧址
肖家崖
马岔镇
黄家沟
张家砭镇
绥德
吴堡
柳林
石湾镇
魏家楼镇
火石山
（小水沟）
东定河大桥
田庄
田庄镇
靖边
小河镇
青阳岔
青阳岔镇
石家湾
李家岔镇
庄泉坪
洞岔镇
高家塌
何家集镇
老君庙镇
邱家坪
崔家湾镇
裴家湾镇
枣林则沟
小河
大理山
二郎山
三郎山
枣树坪
谢子长故居
天赐湾镇
桥沟湾镇
天赐湾
王家湾
任家山
石咀驿镇
王家沟
安定镇
王家坪
清涧
子长
（瓦窑堡）
瓦窑堡会议旧址
好坪沟
下二十里铺乡
高家砭
羊马河
永坪镇
刘家渠
徐家沟
安塞
蟠龙
延川
志丹
金汤
金丁镇
刘志丹故居
陕甘宁边区
儿童保育院旧址
青化砭
杨家岭
枣园
王家坪
桥儿沟
梁家河
延安大学
清凉山
延安宝塔山
延安
延长
凤凰山
毛泽东旧居
南泥湾镇
西北局旧址
金盆湾
南泥湾
甘泉
子午岭
秦直道
张家湾镇
黑水寺村
直罗镇
富县
宜川
壶口镇
黄河壶口瀑布
石泓寺石窟
直罗镇战役旧址
红一方面军直罗镇战役指挥所遗址
洛川
黄陵
黄龙
宜君
铜川
富平
渭南
咸阳
大雁塔
省歌舞剧院
西安
陕
西
黄
河
山
西
图例
寻访路线
寻访写生
城镇
战役旧址
村庄

作者实地考察毛泽东所住窑洞现状一览表

行程(㎞)	到达与离开时间	驻地	窑洞旧址现状	原房东	采访纪要
	1947 年				
	3 月 18 日 20 时出发	延安王家坪			毛泽东主动撤离延安
70	3 月 19 日凌晨—当日傍晚	延川县刘家渠		刘月吉	房东后人已迁居外地
75	3 月 20 日凌晨—21 日傍晚	清涧县徐家沟		徐尚飞	受访人：房东之孙徐国旗等
10	3 月 21 日深夜—24 日下午	清涧县高家硷		高玉张	房东后人已迁居外地
58.5	3 月 24 日深夜—28 日夜	子长县任家山		马宗旺	毛泽东到王家坪开会未住
69.5	3 月 29 日凌晨—31 日中午	清涧县枣林则沟		吴进增	受访人：房东之孙吴子俊等
15	3 月 31 日下午短暂停留	绥德县田庄		康随成	受访人：房东之子康万军等
20	3 月 31 日夜—4 月 2 日凌晨	子洲县邱家坪		邱明明	受访人：房东之孙邱建玉等
20	4 月 2 日晨—当日傍晚	子洲县高家塌		高怀清	受访人：房东之子高志海等
30	4 月 3 日凌晨—当日夜	子长县庄窠坪		薛应宗	受访人：房东之子薛秉贵夫妇等
30	4 月 4 日凌晨—当日下午	子长县石家湾		冯正德	房东后人已迁居外地
25	4 月 5 日凌晨—13 日上午	靖边县青阳岔		王锦绣	受访人：房东之侄王志强等
15	4 月 13 日下午—6 月 8 日夜	安塞县王家湾		薛儒宪	受访人：房东之孙薛青旺等
20	6 月 9 日晨—当日傍晚	靖边县小河		曹九林	受访人：房东之重孙曹振彪等
22.5	6 月 10 日晨—16 日上午	靖边县天赐湾		王有余	受访人：房东之女王秀兰等
22.5	6 月 16 日傍晚—8 月 1 日晨	靖边县小河		贾树堂	房东后人已迁居外地
25	8 月 1 日傍晚—2 日上午	靖边县青阳岔		王锦绣	受访人：房东之侄王志强等
22.5	8 月 2 日夜—3 日下午	横山县火石山		李子仁	受访人：房东侄媳贺金兰、侄孙李军等
25	8 月 3 日夜—4 日上午	横山县肖崖则		李俊成	受访人：房东同宗兄弟李俊元等
40	8 月 4 日夜—8 日下午	子洲县巡检司		傅道元	房东后人已迁居外地
30	8 月 8 日夜—10 日下午	绥德县李家崖		马怀恭	受访人：房东之子马宏国等
15	8 月 10 日深夜—13 日傍晚	绥德县黄家沟		李嘉有	房东后人已迁居外地
17	8 月 13 日夜—14 日下午	绥德县延家岔		延凤池	受访人：房东之子延光祖等
25	8 月 14 日夜—15 日下午	米脂县井家坪		井生海	受访人：房东之子井自勤夫妇等
32.5	8 月 15 日夜—16 日上午	米脂县陈家岔		高余岚	受访人：房东之子高有琦等

行程(km)	到达与离开时间	驻地	窑洞旧址现状	原房东	采访纪要
12.5	8月16日中午短暂停留	佳县乌龙铺			毛泽东在此短暂停留
12.5	8月16日夜—17日晨	佳县曹庄		曹根生	受访人：房东之妻高在兰等
22.5	8月17日中午—18日晨	佳县白龙庙		李树仟	房东后人已迁居外地
17.5	8月18日傍晚—19日上午	佳县杨家园则		杨正林	受访人：房东之子杨增光等
15	8月19日中午—23日下午	佳县梁家岔		刘永升	房东后人外出不在家
10	8月19日傍晚—当晚	佳县东元		李玉珍	房东后人已迁居外地
10	8月23日上午—当日下午	佳县东元		李玉珍	毛泽东第二次到沙家店指挥部开会
27.5	8月23日晚—24日晨	佳县朱官寨殷家湾		张生海	房东后人已迁居外地
0.5	8月24日上午—9月21日晨	佳县朱官寨阳坬		张月胜	受访人：房东之子张生章等
10	9月21日下午—23日中午	佳县张家崖窑		李怀宁	受访人：房东之子毛仁等
15	9月23日傍晚—10月17日上午	佳县神泉堡		高继荣	房东后人已迁居外地
7.5	9月25日上午—26日上午	佳县阎家峁		阎斗要	毛泽东到此看望新入伍战士
7.5	10月17日下午—18日上午	佳县县城		任恕	房东后人已迁居外地
5	10月18日上午短暂停留	佳县白云山			毛泽东两次游览白云山
5	10月18日中午—21日上午	佳县谭家坪		贺加厚	房东后人已迁居外地
5	10月21日上午—29日上午	佳县南河底		李正兴	受访人：房东之孙李孝宗等
5	10月29日下午—31日上午	佳县吕家坪		张裕甫	受访人：房东之子张继才等
7.5	10月31日中午—11月14日上午	佳县神泉堡		高继荣	毛泽东外出视察后返回此地
7.5	11月14日中午—20日上午	佳县阎家峁		阎斗要	受访人：房东后人阎志亮、阎高明等
10	11月20日下午—21日上午	佳县乌龙铺		陈占祯	受访人：房东之侄陈安明等
15	11月21日下午—22日晨	米脂县申家硷		申树仁	房东后人外出不在家
15	11月22日上午—次年3月21日上午	米脂县杨家沟		马醒民	受访人：家族后人马均等
	1948年				
20	3月21日下午—22日上午	绥德县吉镇		马祖超	受访人：房东之孙马泽毛等
25	3月22日下午—23日晨	佳县刘家坪		任九如	受访人：房东之儿媳杜彩霞等
7.5	3月23日上午东渡黄河	吴堡县川口			受访人：船工薛国保等

窑洞旧址现状图示：毛泽东旧居　其他窑洞　后建窑洞　坍塌废弃　分割另院　指挥部　=窑洞相通

自序

抢救性画访毛泽东转战陕北走过的地方

走上用画笔抢救性寻访毛泽东转战陕北走过的地方的创作之路，源于我对艺术创作方向的思考与探索。

20世纪50年代，李可染、张仃、罗铭等著名画家，主张通过写生来改革中国画。他们走入大自然和人民群众中，深入生活，面对真情实景进行写生。他们跋山涉水，历经艰辛，走遍名山大川，创作了大量的优秀美术作品。这种开创性的艺术活动，描绘了鲜活的社会面貌，为传统中国画注入了新鲜血液，也为新中国的文化建设做出了贡献。之后，李可染、傅抱石、石鲁等根据毛泽东的诗词意境分别创作了《万山红遍》《长征》《井冈山》《韶山》等大量革命题材的国画作品，在中国美术史上迸发出耀眼的光芒，这些都得益于深入大自然和生活进行大量的写生。

1942年5月在延安文艺座谈会上，毛泽东明确指出文艺要为人民大众服务。2014年10月15日，习近平总书记在文艺工作座谈会上的讲话中，也提出坚持以人民为中心的创作导向。习近平总书记讲道："文艺工作者要想有成就，就必须自觉与人民同呼吸、共命运、心连心，欢乐着人民的欢乐，忧患着人民的忧患，做人民的孺子牛。这是唯一正确的道路，也是作家艺术家最大的幸福。"

2015年4月，我跟随李小可老师在江西写生，他说："要用手中的笔把即将流逝的文化记录和描绘下来，最好的方式就是写生，这是艺术家的责任。"他的话对于我思考创作方向很有指导意义。

2015年9月，我第一次走进陕西延安地区，在富县直罗镇第一次了解和写生毛泽东和中共中央在陕北的革命足迹。

2016年11月，我在陕北佳县写生时，一次偶然的机会，发现了位于谭家坪村和南河底村的毛泽东转战陕北时住过的窑洞。看到荒凉的窑洞，很担心这些遗迹和曾经为中国革命做出过贡献的陕北人民被慢慢遗忘。这激起了我以水墨写生的方式，抢救性地描绘这些革命遗迹的冲动。虽然担心自己的写生水平有限，但总有一种时不我待的责任感在激励着我。从此，我便一发不可收拾了。开始只是写生，后来又增加了寻访、采访、拍摄、记录等田野调查内容。这既丰富了我的写生之旅，也使我对那段艰苦卓绝的革命历史产生了浓厚兴趣。

我沿着毛泽东转战陕北转移、行军、指挥和居住的地方进行寻访。同时，还对陕北各地的历史文化、古迹、民风民俗、民间美术等与窑洞生活相关的往事与今貌进行采集。我已二十余次进入陕北，行程二万三千多公里，登上六十余座黄土高坡，九次住进农家窑洞，寻访、写生九十多个城镇与山村，采访毛泽东旧居房东、毛泽东的警卫员、开国将领家属、各级领导干部、普通村民等两百余人，寻找革命旧址七十余处，发现、记录革命文物和文献资料上百件、写生作品百余幅、写作书稿八十余万字。

随着社会发展日新月异，人们的居住环境与生活条件正在迅速发生着变化，那些具有历史意义的窑洞也逐渐被高楼大厦和新式民居所代替，老窑洞正在悄悄地消失。我以最接地气的方式走进民间、住进窑洞，零距离与黄土地的人们同吃同住。在为《窑洞红光》写生的所到之处，无不受到人们的热情欢迎，他们给予我很大支持与帮助。在陕北路上，结缘了许多热心朋友，他们一路陪伴我跋山涉水，对我关怀备至。

重温七十多年前革命先驱的艰辛历程，我真切感受到陕北人民曾经对中国革命的无私奉献、优良的革命传统，以及对毛泽东的深厚感情。2017年10月18日，习近平总书记在中国共产党第十九次全国代表大会上的报告中，提出要“不忘初心、牢记使命”，他指出：中国共产党人的初心和使命，就是为中国人民谋幸福，为中华民族谋复兴。这个初心和使命是激励中国共产党人不断前进的根本动力。全党同志一定要永远与人民同呼吸、共命运、心连心，永远把人民对美好生活的向往作为奋斗目标，以永不懈怠的精神状态和一往无前的奋斗姿态，继续朝着实现中华民族伟大复兴的宏伟目标奋勇前进。

随着到陕北写生次数的增多，我的写生能力及艺术创作水平迅速提高。其创作灵感都源自厚重的黄土文化和革命老区淳朴的人民。虽然我只是一名普通的画家，但始终不忘将有限的能量回报他们。

《窑洞红光》作为主题创作，根据时空和地域划分，分为“延安·出发”篇，“榆林·转战”篇，“佳县·东渡”篇，三篇为一整部，以馈社会。鉴于笔者水平所限，难免有粗糙之处，期待批评指正。

作者于北京观上书苑

2021年10月

目 录

枣园
毛主席旧居
2018.04.23.16
陕西 延安

旧窑洞塌了也要画，
起码现在村里还有岁数大的人能告诉我它的位置，
以后恐怕再无人知晓了。
心情从未如此复杂，笔墨从未如此沉重。

引文：从这里出发——延安

我的陕北寻访之路是从延安开始的。

延安，对于年长一些的人来说，有着特殊的情怀。通过以往的文学艺术作品，我对延安有一个模糊的概念，它应该是荒凉且生动的——黄土高坡、红枣和腰鼓。而印象最深的莫过于古元先生的那幅版画作品——《回忆延安》了，此画曾是我年少时学习美术的临习范本。

对我而言，延安是个神秘而令人向往的地方。

2016 年，我平生第一次去延安。

10 月 18 日，后半夜的寒风刮得有些刺骨，朋友安排他的朋友到火车站接我。来人竟然是喝了大半夜的酒，还打算连夜开车送我去富县与另一拨人会合，这可把我吓得不轻。我请求他回家睡觉醒酒，自己正好借此机会趁着天刚蒙蒙亮，去看看宝塔山，于是跟他约定两个小时后到山下接我。

宝塔山在渐亮的天色中越来越清晰，我站在寒风中远望，本该激动或兴奋的，但却没有。这座著名的古塔，被周边高耸林立的现代楼房所包围，显得那么渺小和单薄。后来听朋友说，宝塔修缮之后早就不是原来刚毅的模样了。既然来了，我还是想把它记录下来，便支起画板。我又困又冷，所处的位置也看不到印象中的那座桥，总之，不是在我很放松的状态下绘画，权且把它作为一个印记吧。

《回忆延安》版画，古元作（1978 年）

宝塔山的对面便是清凉山，远远就能看见山坡上有一行红色巨大的陈毅题字：“万众瞩目清凉山。”山上布满了窑洞、阁楼、庭院等建筑。清凉山上有万佛寺、万佛洞、宋代石窟、摩崖石刻、范公祠等

延安清凉山

水墨设色纸本 / 70cmx69cm

写生地点→陕西省延安市宝塔区

写生时间→ 2016 年 10 月 27 日

众多文化古迹，左边山头上还有一座不大的古塔，这是我所喜欢的，可惜这次我没有时间描绘它了。

两个小时后，那位回家醒酒的司机接上我去了富县。

10 月 27 日，结束了富县写生活动，我欲途经延安回京。这天，风雨交加，落叶纷飞，阵阵寒风袭来。送我的李星是直罗镇上的帅气小伙儿，他话语不多，做事却极为周到。他开车送我到延安火车站，此时离晚上上车还有一个下午的时间，我不想再错过这次机会。我们兜了两圈才找到一个可以写生的位置。高楼、树木、风雨遮挡了大部分空间，只能透过一块儿缝隙远眺它。折腾了许久，最后决定将驾驶室充当画室，隔着汽车的挡风玻璃写生。李星按下自动刮雨器，然后就睡着了。我抓住这有限的时间和天公美意，赶紧着手作画。

那天画清凉山，天气的确清凉得很。其实，这座被城市所包围的山并不清凉，山下喧哗，山上也一样热闹，古老的建筑塞满了每一块地方，很像黄土高原野生的蜂窝。是人们看上了它是一座风水宝地，所以都想来占一块儿。这座清凉山，远看还真像一个大大的元宝。陕西人几乎把所有的古塔都叫作“宝塔”，我想是他们非常喜欢“宝”字的缘故吧。

在延安时期，中共中央机关的新闻单位就驻扎在清凉山上。

……

对于写生，有时候天气会起反作用，阳光明媚时可能会画得很糟，风雨无常时却能画出意想不到的效果。天空中那朵长长的云，是来探望那座古塔的吗？画面也因它增添一丝吉祥之意。作品不见得有多好，但我的心情是好的，其间虽有曲折，最终也算完成了我一个小小的心愿。

第一次走进延安之后，我便与这座西北的山城结下了缘分，从此往返不绝。渐渐地，我对中国革命多了一些真切的感受，对抗日战争和解放战争时期的陕北也多了一些了解，对毛泽东与窑洞的故事更多了一些感悟……

延安宝塔山是革命圣地的标志，我已多次在山下瞻仰它的雄姿。在延安时期，毛泽东等

今日延安宝塔山

水墨设色纸本 / 39cmx65cm

写生地点→陕西省延安市宝塔区

写生时间→ 2017 年 9 月 22 日

中央领导与战士及劳动群众的身影无数次地出现在延安宝塔山下。记得有一幅拍摄于1943年的照片，毛泽东迈着矫健的步伐迎面走来，在他的身后就是这座宝塔山。

日军和国民党的飞机曾多次以宝塔山为坐标，对根据地进行疯狂轰炸，英雄般的宝塔虽然受过严重的弹伤，但依然屹立山巅。那时这里还是一片荒寂之地，如今已是高楼林立，车水马龙的繁华城市。

2017年9月的一天，离开延安凤凰山革命旧址之后，我来到清凉山下的延河岸上，把宝塔山和延河大桥描绘在画面中，满足了我的又一心愿。

……

有一个时期叫延安时期，有一种精神叫延安精神，如果不是我多次走进延安，恐怕无法真正了解延安。

1935年10月，中央红军经过二万五千里长征，到达西北革命根据地。从此，延安和陕甘宁边区成为中国人民抗日战争的领导中心、解放战争的总后方，成为万众瞩目的革命圣地。

在这片古老的黄土地上，毛泽东和老一辈无产阶级革命家艰苦奋斗了十三个春秋，他们以坚定不移的崇高信念和勇于开拓的创业实践，使延安成为中国革命的大本营和武装斗争的统帅部，并在拯救民族危亡和争取人民解放的血与火的斗争中创造了辉煌。

1947年3月，毛泽东率中共中央撤离延安转战陕北。1948年3月，毛泽东和中共中央在陕北吴堡东渡黄河，离开了战斗和生活了十三年的陕北，迎接革命胜利的曙光。

为了探寻这段历史背后的故事，前后近五年，我二十余次进入陕北，行程二万三千多公里，登上六十余座黄土高坡，九次住进农家窑洞，寻访、写生九十多个城镇与山村，采访毛泽东旧居房东、毛泽东的警卫战士、开国将领家属、各级领导干部、普通村民等两百余人，寻找革命旧址七十余处……真切感受到了独特的陕北。

转战陕北前奏：毛泽东在延安十年

一孔冰冷的窑洞，
一双烧焦的棉鞋，
一部神奇的《论持久战》，
一副伟岸的身躯；

一段尘封的印迹，
一缕红光的起点……

中共中央和毛泽东初到延安，住在凤凰山麓

1935年10月19日，中共中央率领中央红军经过二万五千里长征，到达陕北吴起镇（今吴起县），进入西北革命根据地，从而胜利结束了中央红军的长征。

1937年，中共中央途经瓦窑堡（今子长县）、保安（今志丹县），于1月13日下午到达延安凤凰山。毛泽东临时住在二道街罗廷祯家的东厢房窑洞里，因延安抗日救国会办公处也设在这个院里，人来人往，声音嘈杂，不利于保卫工作，一周后便移住到凤凰山下一位中医郎中李建堂家，这是一孔天然石洞。同年4月，毛泽东又由李家窑移往200米外的吴家窑院，一直住到1938年11月。吴家窑院就是现在的延安凤凰山革命旧址所在地。

中共中央“落户”延安之后，经过杨家岭、枣园、王家坪等多次搬迁。在延安的10年里，毛泽东和中共中央领导了中国革命，取得了抗日战争的全面胜利。延安更是成为全中国乃至全世界关注的焦点。

2017年9月，带着对延安的情怀，我第二次走进这座繁华得有些拥挤的山城。

提起革命圣地延安以及毛泽东住过的地方，枣园的名气比较大，而 1937 年毛泽东到达延安的第一站其实是凤凰山。于是我就请延安的朋友任长安，带我去了凤凰山革命旧址。9 月 22 日，简单用过早餐，我们便迅速行动，坐公交车前往凤凰山。延安城内一些地段正在进行基础建设，因此我们的行程变得非常缓慢。凤凰山革命旧址并非想象中那样，在一座远山中，它就在延安城内的凤凰山下，与东面的宝塔山和北面的清凉山形成一个三角形。因城市迅速扩展，延安的几处革命旧址与高楼大厦相邻为伴，早已告别了空旷与荒凉。

我们一到凤凰山革命旧址，几位工作人员便迎了上来，热情地问我们需不需要讲解。我想与其很庄重地听讲解，倒不如自己探寻更为自在，因此我婉言谢绝了。

我背着沉甸甸的画具，缓慢迈进旧址的大门。里面分前、后两个院子，后院的 3 孔石窑，便是毛泽东住过的地方。这里修整得很完备，地面干干净净。对比几十年前的照片，眼前的这个旧址比当时的状况明亮整洁了不少，庆幸的是，在这里几乎没有看到现代化的新式建材，窑洞仍是旧时模样，营造出战争岁月的那种苍凉氛围，使参观者产生身临其境之感，这是很欣慰的事情。

我将画具放在一个墙角处，然后踏着有些潮湿的地面，向后院的毛泽东旧居走去，仔仔细细地观看着窑洞的建筑和装饰风格，以及窑洞里的陈设。几件简单的物品基本保留了当年毛泽东居住时的模样。出出进进的游人在狭小而灰暗的空间里相互错肩而过。墙上的几幅黑白照片默默地讲述着这孔窑洞里曾经发生的故事。

毛泽东在延安凤凰山窑洞居住时使用过的椅子

其中有一幅《毛主席会见白求恩同志》的画片，

复制的是那幅人们熟知的同名油画作品。之所以特别注意到它，因为白求恩的故事早在我少年时就耳熟能详了。

那是1938年3月底的一个晚上，毛泽东在这里热情会见了加拿大共产党员、著名外科专家白求恩大夫。毛泽东听到白求恩来了，就高兴地大步从窑洞里迎出来，亲热地紧紧握着白求恩的双手，把他请进窑洞里，讨论建立八路军战地医疗队的问题。白求恩说如果有战地医疗队，前线的重伤员百分之七十可以救治，毛泽东对此十分关切，表示全力支持白求恩关于建立战地医疗队的提议。两人的谈话一直进行到次日凌晨两点。

白求恩回到住处便把这次会见的情形记录下来："我在那间没有陈列的房间里和毛泽东面对面地坐着，倾听他从容不迫的言谈。我回想到长征，想到毛泽东和朱德在那山里的黄土地带。他们今天能够以游击战来困扰日军，使侵略者的优势武器失去效力，从而挽救中国。我现在终于明白了，为什么毛泽东那样感动每一个与他见面的人。他是一个巨人！是我们世界上最伟大的人物之一。"

……

我发现在展柜里陈设着几本旧版的《论持久战》《矛盾论》等书籍，看着已经褪色发黄的封面，不禁想起毛泽东写作时的一桩趣事。

1938年5月，还是在这孔普通狭小的窑洞里，西北风刮得窗户纸呼呼作响，一个伟岸的身躯正伏案撰写着《论持久战》演讲稿。在天刚擦黑的时候，警卫员翟作军轻轻地走近毛泽东，想趁着点蜡烛的时机劝他歇息一会儿，可毛泽东的眼睛一刻也没有离开稿纸。半夜时分，翟作军又来劝说，毛泽东轻叹："工作没有搞完，睡不着啊！"一连奋战了五六天的毛泽东，顾不上夜寒，冰冷的双脚不由自主地靠近了桌子下的火盆。翟作军送水时突然闻到一股焦煳味儿，他下意识地低头往桌子下面看："不好！棉鞋！棉鞋烧着了！"听到翟作军的惊讶声，毛泽东这才停下手中的毛笔，站起身来，拉开椅子，倒退一步，弯腰用力与警卫员一起拍打着那双旧棉鞋。看着烧坏的棉鞋，毛泽东则笑着说："怎么搞的？我一点也没有觉察到就烧着了。”

“主席您就这一双棉鞋！这可怎么办啊？”

“小鬼莫急嘛！烧坏了，修补一下还可以穿，一双棉鞋换一篇文章，很值哩！”

……

5月26日至6月3日，毛泽东在延安抗日研究会上做了题为《论持久战》的演讲。随后在演讲稿的基础上，总结全国抗战以来的经验教训，汇集中国共产党人的集体智慧，完成了历史性的军事著作——《论持久战》。《论持久战》的问世，迅速赢得了全党、全军、全国民众的热烈拥护和支持，有力地驳斥了“亡国论”和“速战论”，为中国人民的抗日战争指明了胜利的方向。

《论持久战》演讲稿经过整理修改后，先在延安油印并在党内传阅。1938年7月1日，《论持久战》在延安《解放》第43、44期（合刊）正式刊出。当月，延安解放社出版了单行本，毛泽东亲笔题写书名，此后，各根据地也印发了多种单行本。7月25日，汉口新华日报馆又出版了单行本，重庆、桂林、西安等地的新华日报馆，也相继出版了订正本。

1938年5月，毛泽东在延安凤凰山窑洞里撰写《论持久战》（凤凰山革命旧址提供）

《论持久战》在国民党内也引起了积极反响。傅作义将军不仅自己阅读，还令所属各部官兵阅读，并指示各部军政干部学校开展学习。同时，在征得周恩来的同意后，以国民党军委会的名义通令全国，把《论持久战》作为全国抗战的指导思想。《论持久战》还被翻译成英文向海外发行，同样得到了高度评价。这篇著作后被编入《毛泽东选集》。

美国记者安娜·路易斯·斯特朗在延安访问毛泽东之后，曾这样写道：“党的负责干部，住着寒冷的窑洞，凭借微弱的灯光，长时间地工作，那里没有讲究的陈设，很少物质享受，但是住着头脑敏锐、思想深刻和具有世界眼光的人。”

……

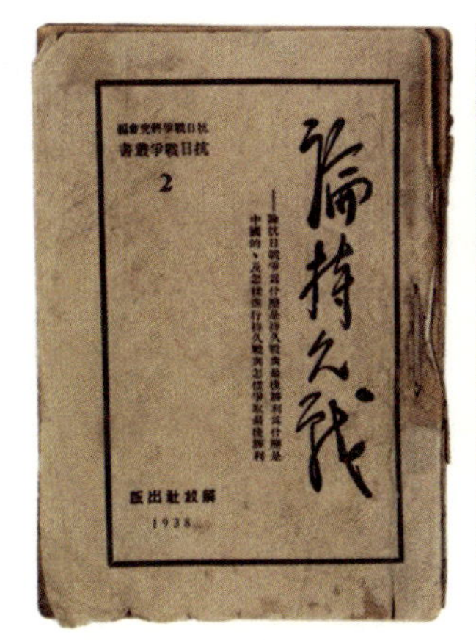

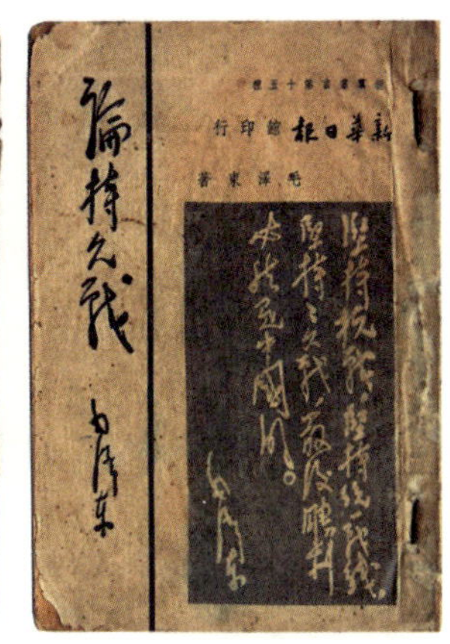

1938 年 7 月，延安解放社和新华日报馆先后出版《论持久战》

延安凤凰山麓，在毛泽东旧居南边的那座院子，也有 3 孔石窑，1937 年 1 月至 9 月，朱德在此居住。1937 年初，周恩来在“西安事变”后回来也曾住在这里。在毛泽东和朱德旧居之间还有两个小院，一个是红军总参谋部旧址，另一个是中央机要部门旧址。1938 年 11 月 20 日之后的几天里，日军飞机对延安实施了 3 次轰炸，造成一些军民伤亡，旧城被炸毁。毛泽东等中共中央领导，不得不从此处搬到了杨家岭。

对凤凰山革命旧址有了一些了解后，我便回到院子的西南角，开始写生。拿起毛笔刚画了一会儿，见一群人涌进院子里，一位着装简洁的青年男士指挥着大家在院子里坐下，然后他站在大家面前开始讲课。类似情景，在杨家岭、枣园和王家坪等革命旧址也多次看到过，这是干部和群众接受生动有效的革命传统教育的一种独特方式，有时他们还会统一穿戴着红军或八路军的服装，颇有感染力。

我一边写生，一边听那位老师讲课，成了一名旁听的学生。我正聚精会神地听着，天空突然噼里啪啦地落下雨点来，露天课堂瞬间变得空无一人。此刻我的写生稿画了还不到一半，任长安问我是否收拾起来到窑洞里去避雨，我说：“雨不是很大，打伞继续画。”

延安凤凰山毛泽东旧居

水墨设色纸本 / 65cmx39cm

写生地点→陕西省延安市凤凰山革命旧址

写生时间→ 2017 年 9 月 22 日

雨滴落在黄土地上，溅起的泥花又撒落在宣纸上，我顾不上这些，只想今天能够画完。天公见我如此顽固，雨也就渐渐地停了下来。不一会儿，又闻听有人三三两两由远而近地走入院子里来。有三位年轻的女士，听口音是延安本地人，看上去不像是来游览参观的，她们悄悄走到我身后，看我写生。任长安是延安卷烟厂的退休职工，他很快与她们攀谈起来，我也偶尔插几句。

我问她们，毛泽东在凤凰山麓住过的这 3 孔窑洞据说房东姓吴，现在还能找到房东的后人吗？她们几乎异口同声地说："不好找了，后来这里归公了，都不知道他们搬到哪里去了。"这也难怪，毕竟这里是城市，日新月异，变迁比较快，不像在山村里，或许还能寻找到那段历史的见证者。

刚才在窑洞前听课的人群，因为下雨早就不见了人影，我只好凭着印象将他们画下来。大约用了 3 个小时，我完成了《延安凤凰山毛泽东旧居》写生稿。画面中间的 3 孔石窑就是毛泽东旧居，中间的窑洞是会客室，左边的窑洞是办公室兼卧室，右边的窑洞是书报室和警卫员住处。

桥儿沟的鲁艺传奇

2017 年 9 月 23 日，一早我就带上画具奔赴魂牵梦萦的延安桥儿沟革命旧址。

1938 年，鲁迅艺术学院就诞生在这里，是我神往的地方，只恨晚生 60 年。

桥儿沟革命旧址位于延安城东的桥儿沟村，有一座典型的哥特式教堂，耸立在一片宽阔的平地之上，如今这里已经是一处平坦整洁的景区。我跟旧址的工作人员说明了来意，他们特别热情地帮我把画具放在选好的写生位置，不时问我需要什么。我并没有立刻写生，而是带上相机和记事本，向教堂和鲁艺校区旧址走去。在高大宽阔的教堂内部，陈设着中国共产党召开扩大的六届六中全会时的设施和图文资料。当年参加会议的中央委员和党中央各部门、全国各地区的领导干部共 53 人，是党的六大以来到会人数最多的一次中央全会。六中全会开幕时，毛泽东被推举为全会主席团成员，并在会上宣布会议日程。

从 10 月 12 日下午至 14 日晚间，毛泽东代表中共中央政治局在扩大的六届六中全会上做政治报告。报告重点阐述了抗日战争统一战线必须以新姿态扩大发展与高度巩固；国共两党要长期合作，支持长期抗战，以至合作建国；提出要加强党的思想建设，全党要普遍深入学习和研究马克思列宁主义，并同中国的具体特点相结合。毛泽东的这个报告，以《论新阶段》为题，刊发于《解放》1938 年 11 月 25 日第 57 期。其中第 7 部分《中国共产党在民族战争中的地位》编入《毛泽东选集》。

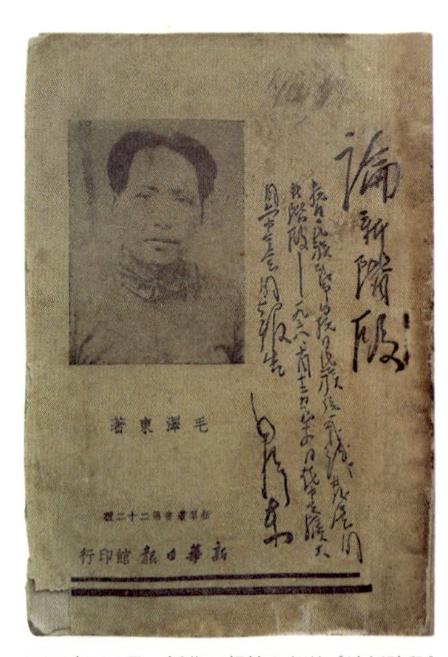

1938 年 12 月，新华日报馆印行的《论新阶段》

我一边参观革命旧址，一边思索，脑海里总是回荡着延安时期那些生动的文艺场面。不知不觉间，我走进了鲁艺校区旧址的窑洞，恰巧这里正在举办“为人民服务：纪念毛泽东《在延安文艺座谈会上的讲话》发表75周年延安鲁艺美术回顾展”。在几排内部相通的窑洞里，以图片、文字、实物及影像的形式展出了涉及文学、音乐、曲艺、美术等大量的珍贵资料。当然最吸引我的还是那些创作于延安时期的版画。我在这里又看到了古元、彦涵、力群、张望等艺术家们的作品。

近些年来，我在陕北深入了解和感受民间美术的魅力，今又细细欣赏这些代表那个火热时代的美术作品，更加感叹鲁艺文艺作品的感染力和时空穿透力，也深刻理解了艺术来源于生活、来源于人民的道理。抚今追昔，不禁再次勾起了我对鲁艺深入了解的欲望。

1938年1月28日，为了纪念淞沪抗战6周年，延安文艺界联合公演了话剧《血祭上海》，获得很大成功。毛泽东称赞戏演得好，并建议以这些文艺工作者为基础，创立艺术学院，就叫“鲁迅艺术学院”。

2月，毛泽东和周恩来领衔，林伯渠、徐特立、成仿吾、艾思奇、周扬等人联名倡议并发出鲁迅艺术学院《创立缘起》，文中说道：艺术是宣传、发动与组织群众的最有力的武器，培养抗战的艺术工作干部正是不容稍缓的工作。因此创立鲁迅艺术学院，要沿着鲁迅开辟的道路前进。中共中央委托沙可夫、李伯钊、左明等人负责筹建鲁迅艺术学院。此时，宁、沪等地大批文艺工作者陆续来到延安，为鲁艺的创办创造了条件。当时的延安，创办一所大学有相当多的困难。延安城内没有合适的校址，毛泽东就亲自和周扬等人到城外寻找，最后选定在延安北门外。

毛泽东指着文庙后山坡上的几孔窑洞说：“不要小看这几座窑洞，将来也许它要成大气候呢！”

4月10日，作为成立鲁艺第一发起人的毛泽东参加了鲁迅艺术学院成立大会，并题写了校名。工作人员请他坐首长席，毛泽东不肯坐，他说：“我是工作人员，不是首长。”于是就和鲁艺的学员们挤坐在了一起。几位中央首长在大会上讲了话，也请毛泽东讲话，他又

成立宣言

在敌人企图加紧进攻西北、加紧截断陇海线、企图威胁抗日根据地武汉的今日。在全国军队、全国人民誓死抵抗的今天，我们宣告鲁迅艺术学院的成立。它并不是打算在全国总动员中作歌舞升平的幻想，尤其不是想逃避现实，恰恰相反，它的成立是为了服务于抗战，服务于这艰苦的长期的民族解放战争。

在这伟大的神圣的抗日战争中，全国的艺术家的确已经团结一致，坚决的站上了他们的岗位，但是我们不得不指出，抗战形势的发展，对于艺术界的要求比我们艺术界目前所贡献于抗战的是更多更大。而我们的艺术界在人力、技术和工作的表现上还不能完全满足客观的要求，鲁迅艺术学院的成立就是要培养抗战艺术干部，提高抗战艺术的技术水平，加强这方面的工作，使得艺术这武器在抗战中发挥它最大的效能。

越当敌人加紧进攻的时候，我们越感到成立这个学院的迫切需要。因为我们相信：艺术不仅能唤起民众，而且可以组织民众，武装民众的头脑。本学院的成立，一面要培养大批的艺术干部，到抗日战争的各个部门、军队中、后方农村中、都市里以至敌人占领的区域里去工作。另一方面，我们追随和号召全国的艺术家，为寻求最有利于抗战的艺术道路而努力。我们研究实践，希望全国的艺术家与文化界，站在抗战的立场上，给我们切实的援助。

我们不仅为了服务于目前的抗战而工作，更进一步，我们还要为抗战胜利以后建立独立自由幸福的新中国而工作。一方面，我们的一切工作是为了抗战，另一方面，我们要在这些工作中创造新中国的艺术，我们要接受各时代的中国的和外国的艺术遗产，使新的中华民族的艺术更迅速的成长。

全国艺术界的同志们：请把扶助它的成长当做自己的责任吧！

说："你们搞错了，我是工作人员，我不是首长。在今天的成立大会上不能讲话，还是按照你们的安排进行吧。"

4 月 28 日，沙可夫兴高采烈地来到男学员居住的窑洞，要大家马上摆好桌子，说下午有中央首长要来鲁艺视察。当时，学员们并不知道要来的首长就是毛泽东。天已过午，几个骑马的人沿着山坡下的河畔奔驰而来，守在山腰上的学员顿时兴奋高呼："毛主席来了！毛主席来了！"

《保卫家乡》（门画）套色木刻版画，彦涵作，1940 年

《延安乡干会议》版画，张望作，1941 年

全校师生很快就集中在窑洞前面的平地上，毛泽东走到一张小桌前，很自然地就"怎样做艺术家"开始了即兴演讲：上海亭子间[①]的文艺队伍和山上的队伍会合到了一起，这就有了团结的问题。要互相学习、取长补短、好好团结，搞好创作。现在艺术上也要搞统一战线，不管是写实主义、浪漫主义或者其他什么主义，都应团结抗日。艺术作品要有内容，要适合时代的要求、大众的要求。鲁迅艺术学院要造就具有远大的理想、丰富的斗争经验和良好的艺术技巧的一派艺术工作者，这三个条件缺少任何一个便不能成为伟大的艺术家。青年艺术工作者应到大千世界中去，到实际斗争中去，使艺术作品具有充实的内容。要从革命斗

①上海亭子间，上海的衡堂房子是一律的格局，前门进去，越过小天井，是一间厅堂，厅堂的两边或一边是厢房；后门进去，直接到灶披间；厅堂和厢房的楼上前楼和后楼，总称统楼；灶披间的楼上就是亭子间。亭子间开间很小，租金不高，是革命者、小职员和穷文人惯于居住的地方。

延安桥儿沟革命旧址

水墨设色纸本 / 65cmx45cm

写生地点→陕西省延安市桥儿沟革命旧址

写生时间→ 2017 年 9 月 23 日

争中学习人民的语言时，文艺工作者要下去，到人民生活中去，走马看花，下马看花，起码是走马看花，下马看花更好。我们要有大树，也要有豆芽菜。怎么能有大树呢？我不懂文艺，文艺是团结人民、教育人民、打击日本帝国主义的武器。创作好像厨子做菜一样，佐料放得好，菜就好吃。你们要好好看书学习，书是好看的，它不会叫，不会跑，不像杀猪，杀不好，猪就跑了。除了看书，还要学习民间的东西。演戏要像陕北人。无产阶级文艺工作者要到革命斗争中去，同时学习人民的语言。要从革命斗争中学习的东西多得很……如果作者没有参加过战斗生活，怎么写得这样真实呢！《红楼梦》里有个大观园，大观园里有林黛玉、贾宝玉。鲁艺是个小观园，但是，我们的女同志不要学林黛玉，只会哭。我们的女同志要比林黛玉好多了，会唱歌，会演戏，将来还要到前方去战斗。抗日民主根据地就是大观园，你们的大观园在太行山、吕梁山。

毛泽东的讲话总是既生动幽默，又铿锵有力，更善于打比方，讲故事，让听者既欢欣鼓舞，又记忆深刻。鲁艺师生听了毛泽东的讲话，立刻展开了热烈讨论。很快就有一批同学去了前方，深入到战斗生活中去锻炼。鲁艺师生不仅在艰苦的环境中进行教学与练功，还用大量的时间去参加生产劳动，很多生活物资都是自己动手自给自足的，这既锻炼了体魄，也为文艺创作提供了最真实生动的素材。

1943 年 4 月，鲁艺并入延安大学，组建延安大学文艺学院。

在 1938 年 4 月至 1945 年 11 月期间，鲁艺培养了如穆青、贺敬之、冯牧、李焕之、郑律成、刘炽、莫耶、王昆、成荫、罗工柳、李波、时乐蒙、于蓝、秦兆阳、黄钢等众多的文学家、艺术家。鲁艺还创作了如歌剧《白毛女》、秧歌剧《兄妹开荒》、歌曲《南泥湾》《黄河大合唱》等一大批极富影响力的文艺作品，活跃了敌后抗日根据地军民的文化生活，振奋了中国军民的抗战热情，为抗日战争的胜利做出了重大贡献，也对中国现代文化艺术产生了深远影响。

由于边区经济困难，鲁艺的学习生活异常艰苦，但大家的精神却是富足的。公家发放的灯油很有限，为了节约，于是利用晚饭后点灯前的一段时间出去散步，便成为鲁艺师生每天的一项不可缺少的生活内容，呈现出一种具有浪漫色彩的景观，这是战争年代很难得的片刻惬意。有年轻人的地方，总会发酵出爱情。诗情画意的延河岸边，是爱神频频降临的地方，一些青年男女总爱到这里幽会，互表心曲。

天上的星星，
地下的眼睛。
比起天上的星星，
我更爱地上的眼睛。

这是张贴在鲁艺墙报上的一首周立波的爱情诗。没错，当时周立波正在与文学系的女生林蓝谈恋爱。一对坠入爱河的师生恋情，在战火纷飞的年代显得更加清澈光华。

……

在桥儿沟革命旧址的展室里，观看丰富多彩的展品，每一段故事都令人热血沸腾。时间已经悄悄地过去了好几个小时，我恋恋不舍地退出凉爽的窑洞。窑洞前宽阔的一大片空地，在烈日下面散发着焦灼的黄土味道。我回到写生的位置，与黄土高坡相伴，与烈日相伴。我开始静静地写生，描绘这座群山环抱中的西式教堂。此刻，没有游人来这里参观，眼前显得寂静与空旷，绿色在远处的某个地方点缀着空间，远山之上的天空有云朵浮动，回荡着鲁艺的传奇。

画访毛泽东在杨家岭住过的窑洞

1938 年 11 月 20 日，日军飞机轰炸延安，毛泽东于当晚由凤凰山麓移居杨家岭。

2017 年 9 月 20 日上午，我慕名去寻找毛泽东在杨家岭住过的窑洞。杨家岭在延安城西两山之间的一条小沟里，与延安大学相邻。我一到杨家岭革命旧址的大门外，便见熙熙攘攘的游人有进有出，看到那些延安时期的老式建筑，有的上面还镶嵌着红五星，瞬间感受到了一股革命圣地的气氛。我背着画具慢慢向前走动，又走上拐了几道弯的山坡路，在一座陡峭的山脚下，找到了毛泽东在这里住过的窑洞。这里的游人络绎不绝，有的在导游或讲解员的引导下有序地参观，有的则是自由独行，家长带着孩子来的也有不少。

毛泽东住过的窑洞，是一座由石头砌墙的 3 孔土窑，独门独院，院子虽小，但很干净利落。在小院右边高出一些的土坡上，另有一孔独立的小土窑，外面加盖了一个遮风挡雨的棚子，看上去有些特别。听说，刚出生不久的小李讷和保姆曾在那孔独立的小土窑居住过。毛泽东住过的窑洞，中间一孔是办公室，左边一孔是寝室，另外一孔是工作人员的住室，3 孔窑洞内部是相互通连的。右边一孔还能与院外的那孔小窑通过暗道相通，左边一孔也能与南院的朱德旧居以暗道相通。据说毛泽东与朱德讨论工作，就是通过暗道来往的，这样既安全又便捷。

杨家岭毛泽东旧居窑洞内通往朱德窑洞的暗道（2017 年）

毛泽东在杨家岭居住期间，领导了“大生产运动”和“整风运动”，制定了渡过抗日难关的十大政策，他与朱德、彭德怀等部署和指挥了著名的百团大战。毛泽东在此还写下了

《五四运动》《青年运动的方向》《被敌人反对是好事而不是坏事》《〈共产党人〉发刊词》《纪念白求恩》《中国革命和中国共产党》《新民主主义论》《抗日根据地的政权问题》《目前抗日统一战线中的策略问题》《〈农村调查〉的序言和跋》《改造我们的学习》《整顿党的作风》《反对党八股》《经济问题与财政问题》等著作。

在毛泽东住过的窑洞墙壁上挂着几幅图片资料，传递着许多感人的故事。其中有一张“1939 年，毛泽东与杨家岭农民亲切谈话”的黑白照片引起了我的兴趣，这是一幅极富亲切感的画面。通过照片，使我想起毛泽东在杨家岭期间与当地农民发生的一些故事。

1939 年 1 月 25 日，边区政府在延安南关举办陕甘宁边区农产品展览会。毛泽东参加了开幕式并发表讲话：“今天开边区农产品展览大会，意义是很大的。现在跟日本帝国主义打仗，我们需要多方面的努力，前方有将士的英勇抗战，而将士们要吃饭、要穿衣，这就需要依赖后方努力生产来解决。在我们边区，不仅老百姓要如此做，其他学校、党政机关及部队都要参加生产运动。前方努力打仗，后方努力生产，我们一定能打垮日本帝国主义。”

2 月 2 日，在中共中央召开的延安党政军生产动员大会上，毛泽东指出：生产动员大会，意义很大。要继续抗战，就需要动员全国的人力、物力。要发动人力，就要实行民权主义；要动员物力，就要实行民主主义。陕甘宁边区有 200 万居民，还有 4 万脱离生产的工作者，要解决这么多人的吃饭穿衣问题，就要进行生产运动。生产运动还包括一个新的工农商学兵团结起来的意义。政府的人如不同老百姓结合，事情就办不好。有两种政府，一种只知道刮刮刮，另一种则帮老百姓的忙，边区政府就是这种帮忙政府。军队不要忘本，本就是工农，在座有许多八路军同志，你们要向老百姓敬礼，不要骂人。老百姓可以骂我们，我们却不能骂他们，因为他们是主人，因为我们的饭是他们做的，房子是他们建的，我们要军民合作。八路军有两条规矩，一条就是官兵合作，一条就是军民合作，大家亲亲密密团结起来，日本一定会打倒的。

1939 年，毛泽东与杨家岭农民亲切谈话（杨家岭革命旧址提供）

1939 年 3 月 15 日，毛泽东在杨家岭的窑洞里，用小米饭招待了印度援华医疗队的爱德华、卓克华、柯棣华、巴苏华、木克华 5 位大夫。当时，毛泽东满怀信心地对他们说："我们吃的是小米，拿的是步枪，却满怀信心要战胜日本强大的武装！"历史证明了毛泽东的话，因为他心里懂得，共产党、八路军身后有千千万万的老百姓在做后盾。

1941 年，在陕甘宁边区政府召开的一次县长联席会议上，有位农民对政府征粮表示不满，保卫部门的人就说这个农民是反革命，要追查他。毛泽东得知此事，阻止了追查，并且对有关人员说："群众有意见，说明我们的工作有毛病，要允许群众讲话，讲错了也不要紧。"经过检查，发现的确是公粮征多了，有些老百姓不高兴。由 1938 年的 1.5 万石逐步增加到 1941 年的 20 万石，负担过重了，伤害了群众的生产积极性，也损害了党和群众的关系。毛泽东和边区政府的领导商量，决定把公粮减到 16 万石，并对群众能不能负担起缩减后的任务也做了调查研究。为了减轻老百姓的负担，毛泽东提出：号召积极开展以农业为中心的大生产运动，并实行精兵简政。

……

鉴于严峻的斗争形势，毛泽东经过长期的思考，于 1939 年开始着手写作论述新民主主义的文章。年底，毛泽东致信在鲁艺任教的吴玉章，信中说："写了一篇理论性质的东西，目的主要为驳顽固派，送上请赐阅正，指示为感！"是请吴玉章阅读尚未公开待发表的《新民主主义的政治与新民主主义的文化》一文，并提出修改意见。

1949 年，《新民主主义论》，长江出版社出版（作者藏书）

1940 年 1 月 9 日，毛泽东出席陕甘宁边区文化协会第一次代表大会，并演讲了《新民主主义的政治与新民主主义的文化》。这篇演讲稿经过修改、补充后于 1 月 15 日完稿。1 月 21 日，毛泽东又写信给在鲁艺工作的周扬："文章虽算写好了，但还待汇集意见加以最后修改，还得两三天才能将最后修正稿交你付印，累你等得太久了！现送上初稿一份，请加审阅、指正、批示，并退我为盼！"时隔一日，毛泽东又写信给周扬："我的感冒还未好，字还要等两天才能写好送来。兹先将文章送上，请付印，清样打好后，请给我自己校对一次。你对此有何意见，仍请阅示，以便校对时修改。前送上的那一份，仍请退还。"广泛征求意见正是毛泽东的文风。经过再次修改的《新民主主义的政治与新民主主义的文化》，在 2 月 15 日延安出版的《中国文化》创刊号上发表。2 月 20 日出版的《解放》第 98、99 期合刊上也刊载了这篇文章，标题改为《新民主主义论》。后来编入《毛泽东选集》。

……

1940 年底的一天，杨家岭在天寒地冻的世界里，显得格外冷清。毛泽东穿着一身洗得发白、打着补丁的灰色粗布棉衣，脸庞有些消瘦，一双炯炯有神的眼睛看着每一位从前线回来，到中央党校学习的干部，大家围坐在窑洞里。这些在枪林弹雨中生活惯了的人，不习惯党校窑洞生活，毛泽东一边往火盆里夹着木炭，一边对他们说："你们大多都是红军改编后到前线去的，你们走的地方很多，有的还进过大城市，可算是'洋包子'了。'洋包子'我们需要，只是不允许'洋包子'看不起'土包子'！"

大家听到毛泽东这番打比方，都笑了起来。大家在轻松的气氛中，七嘴八舌地向毛泽东汇报自己学习不安心，总想回前线的想法。毛泽东又笑着说："不习惯蹲窑洞，这是要不得的。延安的窑洞是最革命的，延安的窑洞有马列主义，延安的窑洞能指挥全国的抗日斗争。蒋介石现在比我们住得阔气，有洋房，有电灯，可是全国人民都不听他的。我们不要看不起自己，不要看不起土窑洞，全国人民的希望都寄托在我们身上，寄托在延安的土窑洞里。"

学员们听到这番话，都打消了不太安心学习的情绪，无不受欢欣鼓舞。

1941年秋，在延安南关举办的边区政府农业展览会上，13个大窑洞里，陈列着谷子、糜子、小麦、荞麦、玉米、高粱等各类农产品的样品。在每一种展品的旁边，都写着生产单位和生产者的名字。毛泽东也赶来参观，他从一个窑洞走到另一个窑洞，兴致勃勃地观看着每一张描述边区农业概况的图表和每一种产品，时而赞许地点点头，时而在本子上记录着。当看到写有"延安南川吴家枣园郝光华"名字的展品时，工作人员指着一个正在参观的农民说："主席，他就是郝光华同志。"

毛泽东立即朝郝光华走去，热情地打招呼。他拉着郝光华那结满厚茧的大手，兴奋地说："听同志们说，你劳动得很好，打了不少粮食，大家都应该向你学习啊！"毛泽东和他详细地聊了农业生产的事情。郝光华做梦也没有想到毛泽东会和自己聊天，激动得浑身发热。

大生产运动开始以后，毛泽东发出了"一面工作，一面学习，一面生产"的号召。于是，延安的沟沟岔岔到处是锄头的碰击声、人畜的混合声，每个机关、每个部队、每个学校都有自己的生产计划和任务。毛泽东身体力行，在他住的窑洞前面选了一块空地，自己动手开荒种地。平时，毛泽东喜欢在夜间办公，一直到次日凌晨才休息。经常熬夜的人都知道，睡得太晚反而容易失眠。为了不耽误时间，毛泽东就利用失眠的这段时间去经营那块“责任田”。警卫员看见毛泽东下地干活了，急忙回到窑洞里拿了锄头跟上去一起挖地。毛泽东阻止说：“你们有你们的生产计划，我有我的生产任务，就这点地，你们都挖了，我没有挖的了。”

警卫员听了也没停下来，大家一边说笑，一边挖地。毛泽东脸上流着汗水，衬衫都被浸湿了，仍然乐此不疲地干活。此时，他的农民本色发挥得淋漓尽致。

地挖好之后，毛泽东和警卫员利用地边有条小河的优势，在地里垒起个小水坝，用来引水浇地。几天后，毛泽东的地里种上了洋芋，栽上了茄子和西红柿，当然还有他最爱吃的辣椒。菜种好了，毛泽东站起身，拍拍手，乐呵呵地把警卫员及帮忙的战士叫过来。他一边逐一给战士递烟，一边与他们交流着种地的技术。

“除了开荒种谷子、糜子之外，是否还种菜、养猪、打柴、烧炭？你们警卫排订了生产计划没有？”毛泽东关切地问大家。

“根据大队部的指示，订了养猪、打柴、烧炭这些计划，我们去年就这样干了。”警卫排长回答。

“种地要深耕细作，多犁地、多除草、多上粪才行。老百姓不是说‘一籽下地，万籽归仓’吗，你们说对不对啊？”毛泽东又说道。

“对，一点没错！”

此后，毛泽东心里便牵挂上了这块地，每天都要挤出一些时间到地头看看。一场春雨之后，毛泽东开垦的那块地里齐刷刷地长出了菜苗，村里的人从地边经过，谁看了都夸地种得好。老百姓还经常主动过来帮助照看，看看是否有动物来啃食蔬菜。

第二年春，毛泽东请来了杨家岭的村民当顾问，按照本地村民说的种地规律，他一有空便到菜地里施肥、浇水、锄草，精心拾掇。不久，地里便有了黄瓜、丝瓜和白菜等。毛泽东最高兴的就是地里长出了红辣椒，吃着自己种的蔬菜，心里别提有多开心了。除了自己吃他还经常拿这些劳动果实来招待客人，或是送给周围住着的同志。

出于对这块菜地的好奇，在杨家岭革命旧址写生之后，我专门去找到了这个地方，它就在离毛泽东旧居前面不远的一片低洼的沟沟里。我所看到的，依然是一片郁郁葱葱的农田。有一次，我去八一敬老院看望老红军、老八路、老解放，一位老八路兴致勃勃地给我说起了朱德种菜的往事，他说他亲眼见过。

说起种菜，毛泽东虽是行家里手，但朱德总司令的技术要更胜一筹。

抗日战争初期，朱德一直在前线指挥八路军抗击日军。1940 年 5 月，面对着严峻的经济困难，回到延安的朱德便迅速与陕甘宁边区的军民一样，把大部分精力放到了经济工作上。1941 年 5 月，朱德在王震的陪同下到南泥湾视察，他鼓励在南泥湾开荒的八路军 359 旅广大指战员一定要做群众的模范，一定要把生产运动搞起来，要用自己的双手，做到生产自给、丰衣足食。他还经常深入工厂和田间调查研究，总结经验，指导生产。

不仅如此，朱德自己也是身体力行，而且他纺的毛线质量特别好。朱德还和身边的几位勤务员组成了生产小组，在王家坪开垦了 3 亩菜地，种了白菜、土豆、冬瓜、南瓜等各种蔬菜。几位勤务员年纪很轻，没有种过菜，朱德却是个种菜能手，他像指挥作战一样，手把手地教战士们翻地、点籽、浇水，每道程序都干净利索。为了积肥，他还大清早就带头出去拾粪。朱德有着丰富的农业知识，所以他种的菜质量好、产量高、品种多。他的菜园成了边区的示范田，经常有人到此参观。

……

小小的窑洞里故事太多，多得装不下。我恋恋不舍地走出院子，寻找写生的位置。旧居的围墙比较高，在外面往里看，看不完整，若在院内画，距离太近，游人太多，都不合适。我围着小院转了大

毛泽东在杨家岭时用过的暖水瓶和茶水壶

杨家岭毛泽东旧居
水墨设色纸本 / 39cmx65cm
写生地点→陕西省延安市杨家岭革命旧址
写生时间→2017 年 10 月 2 日

半圈，最后选在右侧高坡处，这个位置可以将三孔窑洞看得清楚。时间有些仓促，内心又有些着急，总觉画得不好。已经是下午两点多了，腹中饥饿又时时袭扰，写生状态不佳，虽然有人称赞画得好，但自己觉得不满意。户外写生就是这样，诸多不确定的因素会影响写生的效果，这让我好几天心里都有个疙瘩。

几天后的 10 月 2 日，我再次来到杨家岭毛泽东旧居处。这次我没有急于动笔，打算先选好写生的位置，再慢慢构思画面。我还准备用一天的时间在杨家岭再细细寻访一番。我在小院的左前方曾是警卫员站岗的小门楼旁选定位置，慢慢地准备着画具和画材。

这天是国庆假期的第二天，游人很多，不时在眼前走来走去，为了便于观察，我只好站着画，一有人经过，就停下画笔，等待短暂的间隙。热闹的场景并没有干扰我。这次写生，围观者很多，有的人一看就是几十分钟，有的见我好久不动笔，耐不住性子就走了，或许他们不知道我在等什么。

有小孩子过来看我作画，家长介绍说这是写生，孩子瞪着大眼睛只顾看我作画，不作应答。有的孩子没见过用毛笔写生，因好奇而自言自语，我便介绍说："用毛笔、墨汁和宣纸面对着实景作画，就是水墨写生，这是我们中国自己的艺术形式，要知道哟。"大凡孩子见有野外作画的，都出于好奇而喜欢看。记得我小时候见到有人作画，我便看一天也不忍离开。不过这次遇到另一个小孩子，刚过来看了几眼，一位年轻女士过来拉着他就走，边走边大声喊："看这个做什么？不能吃不能喝的，赶紧走。"

……

大约用了 3 个小时，我基本完成了《杨家岭毛泽东旧居》写生稿。画中这座依山而建的小院，承载了大量毛泽东在那段时期的传奇故事。

写生之后，时间尚早，我又到朱德的旧居院子里参观。朱德旧居在毛泽东旧居的南面，两个院子仅几米相隔，通过山体的防空洞相连。这座院子比毛泽东旧居足足大两倍，而且是 5 孔窑洞。为什么朱德的院子要比毛泽东的院子大很多呢？而且是向阳的，并且他睡的还是

★ 外国记者：如果朱总司令从台上走下来几分钟，
你就再也分辨不出谁是总司令了。

火炕，而毛泽东的则不是。原来，考虑到朱德有风湿关节炎的缘故，毛泽东让工作人员给朱德搭建了火炕。火炕紧靠窑洞窗户，比一张单人床略大一些。朱德总司令从太行山抗日前线返回延安后，就居住在这里。毛泽东考虑到朱老总在战场上既危险又辛苦，总比自己在根据地艰苦一些，所以格外关注他的身体健康。

走进窑洞里面，见有的游人还掀起炕上铺着的褥子，想必是想感觉一下当年的生活条件。在那个年代，条件艰苦到何种状况，今天的人们已经无法想象，只有通过一些零星的老照片，才能看出一些痕迹。

“时人未识将军面，朴素浑如田舍翁。”

爱国名将续范亭的这句诗，便是对朱德总司令的真实写照。曾有一位外国记者说：“如果朱总司令从台上走下来几分钟，你就再也分辨不出谁是总司令了。”从前线回到延安的朱德总司令深入基层考察，发现各县农民都在用古老的纺车纺线、织布。他如获至宝，立即号召开展“纺线运动”。古老的纺车走进千家万户，也走进了延安时期的中央机关和部队。

……

离开朱德住过的窑洞，我带上画具缓缓走出杨家岭革命旧址。路上随处可见川流不息的人群，有时还会传来阵阵陕北秧歌的锣鼓声，热闹又井然有序，随处可闻游人对参观革命旧址的感慨。

写生杨家岭中央大礼堂旧址

2017 年 9 月 20 日，我继续寻访杨家岭革命旧址，这次的主要任务是参观和写生中央大礼堂旧址，了解发生在这里的往事。

它看上去不算很大，却也威严壮观，周围茂密的树木将它包裹着，礼堂的大门显露在密林的空隙间，很漂亮。中央大礼堂是杨家岭革命旧址最重要的建筑之一，它坐落在杨家岭南侧山根下，1939 年开始修建，民工就地打石头，运砖瓦和石灰，中央机关工作人员协助修建，1942 年竣工落成，会场可容千人。在没有钢材水泥的情况下，大礼堂采用了大跨度拱式结构，两旁建小会议厅、阅览室、休息厅，以抵消水平推力。大门开在侧面，别具一格。礼堂建成后，当时中央的大型活动多在此举行。

我将画具放在院子大门内的角落里，准备在这里描绘这座召开党的第七次代表大会的殿堂。在写生之前，我还是迫不及待地走进大礼堂里面去浏览一番。大礼堂内部，一应设施基本是按照召开“七大”时的样子布置的，主席台上的毛泽东与朱德浮雕头像很是特别，主席台上方和两边墙壁上挂着振奋人心的标语和鲜红的党旗，能够瞬间将人引到那个革命岁月的时空里。熙熙攘攘的参观者都兴奋地在此拍照留念。墙壁上的镜框里摆放着许多毛泽东在杨家岭时的著作，还有很多黑白照片，都在述说着那个时代的传奇往事。

1945 年 6 月，晋察冀日报社出版的《论联合政府》

1945 年 4 月 23 日至 6 月 11 日，党的第七次代表大会在中央大礼堂隆重召开。毛泽东主持了大会，致开幕词，并做了《论联合政府》的政治报告；朱德做了《论解放区战场》的军事报告；刘少奇做了《关于修改党的章程》的报告。在大会讨论过程中，周恩来做了《论统一战线问题》的重要发言；由华北、华中、西北等几个地区的代表做了工作报告。

1945 年 7 月，山东战时邮政总局发行的中共七代大会纪念邮票

大会完成了三个历史性的任务：决定了党的路线，通过了新的党章，选举了新的中央委员会。“七大”选举毛泽东、刘少奇、周恩来、朱德、任弼时为中央书记处书记，毛泽东为中央委员会主席、中央政治局主席、中央书记处主席。“七大”确定了党的政治路线，确立了毛泽东思想为党的指导思想并写入党章，为中国共产党领导人民争取抗日战争胜利和新民主主义革命在全国的胜利，奠定了政治、思想和组织上的深厚基础。

1946 年 11 月 30 日，中共中央在中央大礼堂为朱德总司令举办了 60 寿辰的庆祝活动。朱德出身贫寒，一生憨厚朴实，勤俭节约，从不浪费，更不张扬。但这次庆祝活动可谓隆重而又高调，这是为什么呢？

按照中国传统习俗，60 岁是大寿，要大操大办，好好庆祝一番。事实上也真的庆祝了，尽管蒋介石早在半年前已经全面发动了内战，且恰逢国民党向陕北、山东发动重点进攻的关键时刻。不过，和一般人祝寿不同，这次是中共中央在延安举办的庆祝活动。早在几天前的《解放日报》上，就发表了祝贺朱德 60 寿辰的祝词；从 11 月 29 日起接连三天，延安城大张旗鼓，社会各界纷纷举行庆祝活动。中央各领导纷纷向朱老总表示祝贺。

中共中央的祝词说：人民庆祝你的六十年生活，因为你是中国人民六十年伟大奋斗的化身，你对民族利益和人民利益的无限忠诚，你的不怕艰难危险，不求个人名利的牺牲精神，你的联系群众、信任群众、视民如伤、爱民如子的群众观点，正在鼓舞着全党全军为独立和平民主而奋斗到底。亲爱的朱德同志！你的六十大寿是中国共产党的佳节，是中国人民解放军的佳节，是全解放区和全国人民的佳节。今天反动派还在进攻，反动派的进攻还没有被打退，但是这个时间是不远了，你的寿辰正是战斗的号召，胜利的号召！全解放区军民，一定要用胜利的自卫战来打退和粉碎反动派的进攻，来作为替你祝寿的纪念品！祝你永远健康！

毛泽东说："朱德同志六十大寿，人民的光荣！"之后又意味深长地说了一句："六十年一个甲子，不容易啊！这六十年，是人民革命奋斗的六十年，也是人民日益觉悟的六十年。"周恩来说："举世人民公认，你是中华民族的救星、劳动群众的先驱、人民军队的创造者和领导者。"

11 月 30 日，祝寿活动达到高潮。《解放日报》以两个整版的篇幅，刊登毛泽东、刘少奇、周恩来等的题词，刊登各中央局的贺电，刊登彭德怀、林伯渠、陆定一、习仲勋等人的祝寿文章。寿堂前边保剧社演出了秧歌，朱老总设宴款待中外宾朋，并致答谢。当晚会上，演出评剧《捉放曹》《定军山》，同时在舞厅举行盛大舞会。这次活动看似是为朱德老总祝寿，实则是期望把我军的命运同中国人民的命运联系在一起，鼓舞人民的斗志，增强人民胜利的信心。

1947 年 3 月，国民党胡宗南部队进攻延安时破坏了大礼堂等建筑，延安光复后，当地政府照原样进行了修复。

……

我有些不舍地走出中央大礼堂，回到写生的位置，开始慢慢地描绘这座庄严的"七大"会址。来来往往的游人从我眼前经过，时而有人停下脚步，站在我身边观看。有旧址工作人员主动问我需不需要帮助，这就是革命圣地的风格。

寻访革命圣地和毛泽东住过的窑洞，对我来说每一处都是新奇的。在出发之前我从来不做资料方面的准备，要的就是这种猎奇和惊喜的感觉。画笔在思绪中翻滚，游人在眼前晃动，红旗在房顶上飘动，绿色几乎晕染了所有空间，湿润的空气中散发着清新的泥土味，一切都是那么的和谐舒畅。

杨家岭中央大礼堂旧址
水墨设色纸本 / 39cmx65cm
写生地点→陕西省延安市杨家岭革命旧址
写生时间→ 2017 年 9 月 20 日

延安文艺座谈会的回声

作为一名文艺工作者，我对延安文艺座谈会有着独特的情怀。

2017 年 9 月 20 日下午，我又专程来到延安杨家岭革命旧址，参观和写生 1942 年召开延安文艺座谈会的地方——中央办公厅旧址。

在杨家岭革命旧址内，有一座造型比较奇特的建筑，它就是中共中央办公厅旧址。1939 年秋开始修建，1941 年竣工的办公厅大楼，造型很像一架飞机，人们便习惯叫它“飞机楼”。

在旧址四周有高大的树木和平整的草坪，干干净净，公园一般。我在一个架有辘轳的水井旁边将画具放下，这里正是写生的好地方。我稍作停留，便带上记事本和相机独自去办公厅旧址内参观。厅内有很多大大小小的房间，像豆腐块一样分割开，房间里陈设着图片和文字资料，介绍着这里曾经发生的往事。正面的墙上，有两块大大的玻璃橱窗，高高地固定在上面，里面整齐摆放着延安时期出版的书籍、期刊等，毛泽东的著作最多，足足有几十本。

1942 年 5 月 2 日至 23 日，中共中央宣传部在中央办公楼一楼饭厅召开了延安文艺座谈会。

1942 年初，毛泽东在工作会议上提议，准备以毛泽东和凯丰的名义召开延安文艺座谈会，就作家立场、文艺政策、文艺对象、文艺题材等问题交流意见。毛泽东请舒群等草拟参会人员名单，中央办公厅按照名单印发了 100 多份红色请帖，上面是这样写的：为着交换对于目前文艺运动各方面问题的意见起见，特定于五月二日下午一时半在杨家岭办公厅楼下会议室内开座谈会，敬希届时出席为盼。署名毛泽东、凯丰。

在 5 月 2 日的第一次座谈会上，毛泽东发言《引言》，说明开会的目的在于研究文艺工作和一般革命工作的关系，求得革命文艺的正确发展，求得革命文艺对其他革命工作更好的协助。他提出文艺工作者的立场问题、态度问题、工作对象问题、学习问题，是当时关系革命文艺发展应该解决的问题。随后一些作家、艺术家在座谈会上相继发表意见。

★ 毛泽东：我们的文艺都是为人民大众的，首先是为工农兵的，
为工农兵而创作，为工农兵所利用的。

5月8日那天，毛泽东参加第二次座谈会讨论，听取意见。他手里拿着铅笔，桌子上放着稿纸，一边听一边记录着每个人的发言。有的时候，毛泽东会在别人的发言中插入一两句打趣的话，由于他的启发引导，大家争先恐后地发言，使得座谈会的气氛更加轻松活跃。其中民众剧团的文艺干事讲述了他们下乡演出途中吃鸡蛋的事情，他带着夸耀的表情说："我们剧团下乡演出时，农民群众喜欢得很，他们拿出鸡蛋来慰问演员。我们吃着鸡蛋一路行走，如果要打听这个剧团到哪里去了，顺着鸡蛋皮就能找到我们了。"

1947年10月，东北书店印行《毛泽东同志在延安文艺座谈会上的讲话》（作者藏书）

大家听了都哈哈大笑，毛泽东也笑着说："你们下乡为群众演出很好，吃了群众的鸡蛋，就要更好地为群众服务，就要拿出更好的节目来演出，可千万不能骄傲自满。要不然，下次群众就不给你们吃鸡蛋了。"

5月23日，毛泽东、朱德等首长出席了最后一次座谈会。在朱德讲话后，毛泽东做了《结论》发言，指出为了革命文艺的正确发展，中心问题是一个为群众的问题和一个如何为群众的问题。他特别强调"为什么人的问题，是一个根本的问题、原则的问题"，提出"我们的文艺都是为人民大众的，首先是为工农兵的，为工农兵而创作，为工农兵所利用的"。

另外，毛泽东还阐述了文艺源于生活又高于生活的原理，号召"中国的革命的文学家艺术家，有出息的文学家艺术家，必须到群众中去，必须长期地无条件地全心全意地到工农兵群众中去，到火热的斗争中去，到唯一的最广大最丰富的源泉中去"。针对当时延安文艺界存在的一些理论、思想问题，毛泽东做了剖析，并且提出文艺界开展无产阶级对非无产阶级

思想斗争的任务。

毛泽东在座谈会上的《引言》和《结论》两个部分合起来就是《在延安文艺座谈会上的讲话》这篇著名的文章。

……

参观过中共中央办公厅旧址之后，我回到院子里写生，面前这座独特的建筑，在郁郁葱葱的树林中显得格外突出。我在观察与笔墨交融中描绘着它的神采。不知什么时候，在我的身旁整齐地坐了许多人，还有一位年轻的老师站在人群对面，正在进行一堂生动的现场讲座，讲的正是延安文艺座谈会的内容。一幅《杨家岭中共中央办公厅旧址》写生稿，一堂革命旧址现场教育课，使我这次在延安的寻访，获益匪浅。

杨家岭革命旧址中共中央办公厅旧址现场课堂（2017年）

为了解更多的革命历史故事，经多方打听，我终于找到并结识了那位在现场讲座的老师，她是中共延安市委党校管理学教研室的陈芳老师。与她交流如饮美酒，我们同样抱有“讲好中国故事”这样的红色情怀，彼此极为投缘。同时，我对延安这种把革命传统教育课堂搬到户外，搬到革命旧址现场的方式极为赞赏。

杨家岭中共中央办公厅旧址
水墨设色纸本 / 65cmx39cm
写生地点→陕西省延安市杨家岭革命旧址
写生时间→ 2017 年 9 月 20 日

雨中寻访南泥湾

延安精神是中国精神的组成部分，而南泥湾精神则是延安精神中最重要的组成部分。

2018 年 4 月，我来到延安这段时间，每天的寻访写生活动安排得满满的。春光明媚，令我心旷神怡。12 日这天，在延安大学附近的一个早点铺，吃过热腾腾的地软包子，我们做好了去南泥湾的准备，不巧此时下起了大雨，气温一下子就低下来，比前几天骤降了十几度，我们都叹息衣服带少了。任长安问："下雨了，还去不去南泥湾？"我说："这是咱们经常遇到的事情，只要不是下刀子就去。"

南泥湾在延安城东南 45 公里处。我们开车出了拥堵的延安城，一同前往的除了任长安，还有刘亿。车子上了高速公路，然后又走了一段普通公路，行驶在风雨中，大约用了 50 分钟就到了南泥湾。公路两边的群山和宽阔的沟地，在春雨的洗礼中显得清晰透亮，有些树木已经换上了嫩嫩的绿装。远处一片平坦的山坡上突现一群牛羊，随行的刘亿惊奇地喊着："看，那里有牛和羊！"

现在的陕北早不是传说中的陕北了，由于退耕还林，加上农村的很多人去了城市，农村的养殖业也就越来越少了，不再是《南泥湾》歌中所唱的那样：到处是庄稼，遍地是牛羊。

"那些只不过是一群木偶，游人到南泥湾看不到牛羊，岂不失望。"我随口一说，便引起了大家的一番议论。

任长安将车停在南泥湾公路的东侧，这里怎么也没有想象中的一片繁荣的农耕景象，倒是有一条有些杂乱的乡镇街道。在公路的西侧是南泥湾时期开垦的一大片土地，四月份还没有看见绿苗长出。东侧则是一座高高的山峁，有依山而建的老土窑，有几十年前建的砖瓦平房，也有正在兴建的水泥楼房，它们在岁月中一茬接一茬地修建。

我们一下车，瞬间感觉像换了一个世界，冰凉的空气将我们团团围裹。我环视着四周，然后决定先登上西面的高山，远望对面的南泥湾。此时任长安和刘亿从一户人家走了出来，他们去了趟厕所，说上厕所要收一元钱。我虽然嘴上说“人家要就给呗”，但心里还是想到了20世纪八九十年代那会儿，如厕收费从新鲜事到名正言顺，再到稀奇古怪，说不清楚。任长安是陕北人，却自言自语地说道：“怎么感觉这里不像南泥湾呢！”

我们正在一片建有纪念碑的泥泞空地上走来走去寻找上山的路，一位中年男子从我们身边走过，告诫说：“这里什么也没有，没什么可看的。”虽然眼睛里看到的和心里想的有区别，但我还是满怀信心地去寻找我想要的东西。

我带上画具，撑起雨伞，向山上走去。任长安擅于找人打听，我则习惯凭感觉摸索。我正慢慢上山时，他早就没了影子，只是远远地听到村户里传出问路声。我们寻到了毛泽东视察南泥湾时居住过的地方，可惜这座大院子在半山坡上，紧锁的大门，高高的院墙，无法进入，像是封闭了一样。我在院子外南侧找到一个高处，可以踮着脚看到院子里的状况，但无法写生。我无奈地继续往上寻找，爬上一段很陡的山坡，发现有一段相对平坦的土路，站在这个地方远眺对面的南泥湾，恰是一个好地方。

“就是这里，我要在这儿画南泥湾。”我惊喜地说道。

“下着雨呢，怎么画啊？”刘亿走过来说。

“这会儿雨不是很大，撑着伞可以画，如果真下大了，还可以躲到窑洞里去画。”我指着背后的3孔早已破烂废弃的土窑洞说。

就这样，我一手打伞，一手画了起来。刘亿跟我一样，看见什么都好奇，自去寻找感兴趣的东西了。我聚精会神地描绘南泥湾，眼前那片平整的田地在两面的群山中拐了几道弯，消失在远山与天空中。突然听到任长安喊着刘亿说：“你认识这是什么吗？”然后他们便议论起来。画了一会儿，我也忍不住去看个究竟。天公作美，此时雨小了很多，我将雨伞撑在画板上，就去找他们。在不远处的一个破窑洞里，有两个硕大的东西，静静地卧在杂物中，像是柳编的器物。在陕北我见过很多柳条编制的器物，大多能叫上名字来，但从来没见过这么大的，这次我也有些疑惑了。于是我们各执己见地议论起来，最后一致认可是柳编的，但是我一直追问任长安，它具体叫什么名字？任长安说：“这个是穷的时候，陕北人自己编的东西。用条子编好后，里面再糊上泥巴，晾干了，就可以装粮食用了。359 旅开垦南泥湾时，跟当地的村民学习编这种东西，现在特别少见了。”

“没错，它肯定是装粮食用的，但它具体叫什么呢？”我一再追问。其实在北方农村编制筐篓一类的器物，不仅用柳树条，更多的是用一种叫紫穗槐的野生灌木来编。

正在我们寻求答案的时候，山坡上突然出现了一位头上扎着白毛巾的老汉，任长安将他喊过来问个究竟，老汉说这叫“粮囤儿”。我顺便跟他聊了起来，他说他是南泥湾镇阳湾村人，叫张培仁，83 岁。我问他是否知道毛泽东来南泥湾的往事，他说，小时候在安塞老家，后来才到的南泥湾，对那段历史不清楚，这让我多少有些失望。在陕北寻访中，能够遇到八十岁以上的老人，才有希望了解到发生在 70 年前的事情。张老汉总是笑眯眯的，主动和每个人拉话，以为我们只是来观光的游人，提示我们可以跟他拍照合影，并要收钱，我们自然是满足了他的要求。

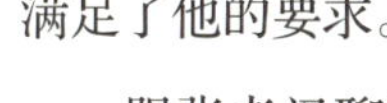

粮囤儿，陕北农民自编的旧器物（南泥湾发现）

跟张老汉聊了一会儿，我回到写生的地方继续作画。此时雨似乎又大了，任长安见我自己撑着伞不方便，就过来帮我撑着。这时看见不远处有一个锁着的大门，墙上挂着一块红色的牌子，上面写着：“南泥湾 359 旅战士旧居。”

“老任，您父亲当年不就是在 359 旅当兵吗，359 旅的战士是住在这儿吗？”我好奇地问任长安。

“这里应该不是主要的驻地，或许只是某个连在这里驻扎过。359 旅驻地在金盆湾、马坊、阳湾、九龙泉等几个地方。”他站起来，指着远处几个方向答道。

“看南泥湾这个地方，已经今非昔比，变迁太大，想寻找当地的知情人怕是不易。您父亲正好在359旅当过兵，一定跟您讲过一些往事吧。”

“我父亲是在359旅718团，他在世的时候平时不太爱说话，跟我们讲的并不多，只能是个大概。”

“那也好，能了解一些就不错了。”

在我的再三追问下，任长安跟我说起359旅开垦南泥湾的那段往事。

1937年以后，日本军队加紧了对根据地的扫荡，国民党也对边区进行军事和经济封锁，使陕甘宁边区的经济形势异常严峻，到1941年已陷入极度困难的时期。

1939年1月，毛主席在陕甘宁边区第一届参议会上讲话，提出边区施政方针：大大发展国防经济，发展农业手工业，改良人民生活。2月，毛泽东在延安党政军生产动员大会上说：“面对严重的困难，我们是饿死呢？解散呢？还是自己动手呢？饿死是没有一个人赞成的，解散也是没有一个人赞成的。还是自己动手吧！这就是我们的回答。”

10月，国民党不断增兵包围陕甘宁边区，并制造军事摩擦，第359旅由晋察冀边区调至陕甘宁边区，接替宋家川至佳县的黄河河防任务。任长安的父亲任清光就是那个时候，从河防游击队转到359旅的。

1940年5月，朱德从晋东南抗日前线回到延安，看到财政实在入不敷出，以致几月来未发一文零用，各机关、学校、军队几乎断炊，许多干部因长期营养不良而面色苍白。朱德提出在不妨碍部队作战和训练的前提下，实行屯田军垦的政策。为此，朱德亲率中共中央直属财经处处长邓浩、第359旅718团政委左齐以及多名技术干部，到南泥湾进行实地勘察。

1941年3月至1942年，359旅在王震旅长、王恩茂政委率领下，分四批开进南泥湾。中央和军委各直属单位随后也来到南泥湾参加垦荒。一时间，在南泥湾掀起了一个开荒生产的热潮。中央军委根据党中央、毛泽东提出的“自己动手、生产自给”和“发展生产、保障供给”的方针，于1942年2月向全军发出指示，要求各部队做到一面战斗，一面生产，一

1941 年，359 旅指战员在南泥湾开荒（历史图片）

面学习，依据不同的环境条件开展生产运动。

从此，大生产运动在陕甘宁边区和敌后抗日根据地轰轰烈烈地开展起来，在这杂草丛生、荒无人烟的地方实行军队屯垦。359 旅广大指战员经过 3 年的艰苦奋斗，在荒山上开辟了 12 万多亩土地，把南泥湾变成了到处是庄稼、遍地是牛羊的“陕北江南”，359 旅成为大生产运动的一面旗帜。随之，各敌后抗日根据地也都开展了大生产运动。在游击区，部队一面分散作战，一面进行生产，实行“劳武结合”，很多游击队员白天耕地，夜晚训练。通过大生产运动，各解放区基本上解决了军民的吃饭问题，实现了“自己动手、丰衣足食”的目标，战胜了当时的困难局面，打破了国民党顽固派的经济封锁，为抗战的最后胜利奠定了物质基础。在大生产运动中，指战员们在艰苦的条件下一边向农民学习怎样开荒种地、纺织、编筐、制作农具，一边还要加紧练兵，可以说是吃尽了天下的苦头。毛泽东等首长也带头参加开荒种地，官、兵、民一致，轰轰烈烈。

任长安告诉我说，他年轻的时候，老辈们每次说起南泥湾开荒种地的事儿，就特别振奋。

“在南泥湾，特别是刚开始的那段日子，开荒哪有工具啊，老乡的那点东西根本不够用。尤其是到了冬天，吃不饱穿不暖的。很多战士抱怨说还不如到战场上痛痛快快地打仗呢，我父亲也有过这个念头，可能是实在受不了了吧，这事儿父亲是在快去世前才悄悄地跟我说的。难怪他平时很少说那段往事，或许跟这个有关系吧。父亲在南泥湾大生产运动中，还学会了织毛衣，各种针线活都会做，做得可好了。父亲当了 17 年兵，退伍的时候，亲戚说找找关系可以留到机关单位工作，但我父亲不肯，说老百姓当兵，退伍了还是老百姓，多少战友都牺牲了，我能活下来就已经很知足了。就这样父亲又回到了陕北佳县农村。我们一直替父亲惋惜，但父亲脾气大，很倔强，他的决定从来也没后悔过。”

1942 年，王震在南泥湾向劳动模范吴满有请教屯垦（历史图片）

“那个艰苦的岁月，普通老百姓当兵的，哪有那么高的觉悟啊，有点抱怨也是人之常情。老爷子保持了陕北人特有的淳朴本质。按理说当了十几年的兵，国家给予关怀也是应该的，但是老爷子有自己的心思和胸襟，这方面不也影响到了您的两个儿子身上了吗，也都去参军了。”

“是呢，我父亲退伍后回到农村，又当农民了。后来老了，很多人都说当过兵的，国家有政策给补贴，我们总是催父亲去找村上，但是他从来不积极。不说这些了，还是说南泥湾吧。”

1944 年，八路军战士在南泥湾开展生产的同时，随时练兵（历史图片）

在大生产运动中，以农为主，全面发展。南泥湾每年上交给边区政府 1 万石公粮，开办了纺织、皮革、造纸工厂，成立了盐业、土产、运输等公司，开办饭店、商店、军人合作社和各种加工小作坊等，形成军民兼顾、公私兼顾、多层次的生产经营形式。在 1942 年 2 月中共西北局高级干部会议上，毛泽东题词赞誉第 359 旅是“发展经济的前锋”。1944 年，以 359 旅为基础组成的第 18 集团军独立第 1 游击支队，和 359 旅留守陕甘宁边区的部队，组成第 18 集团军独立第 2 游击支队分批南下。解放战争时期，718 团成为西北野战兵团警卫团，任长安父亲任警卫员，为彭德怀司令员和习仲勋副政委执行保卫任务。

1944 年，八路军在南泥湾开展大生产运动，达到了丰衣足食（历史图片）

……

几天之后，我到延安八一敬老院看望老红军、老八路、老解放。其中 92 岁的老八路同

自己動手
豐衣足食

毛泽东

1944 年，在南泥湾金湾窑洞前走过的八路军战士（历史图片）

作者在南泥湾金湾与张培仁老汉（右）拉话（2018 年）

图片对比：上图为美国记者哈里森·福尔曼，于 1944 年夏在延安南泥湾金湾拍摄的历史照片，3 个八路军战士正在走过 3 孔土窑洞。下图中右边的 3 孔窑洞正是上图的位置。作者于 2018 年 4 月在这 3 孔窑洞前写生南泥湾现在的面貌。同一个地方，时空跨越了 74 年，物象虽有变迁，但浓重的陕北黄土高坡风情仍在。

景飞就是359旅的老战士。听他讲述，毛泽东号召的“自己动手、丰衣足食”的大生产运动，一开始他就参加到开垦南泥湾的队伍中。当时在十冬腊月里，很多战士穿的衣服都有洞，大片大片的补丁衣裤那是很普遍的。部队是靠自力更生，才让生活好起来的。

……

不知不觉，雨声伴随我们已经三个多小时了，巨大的云朵在潮湿的空气中翻滚，似乎将远山拉得很近。我的毛笔在雨伞的庇护下，也翻滚不止，一幅《南泥湾今貌》写生稿就这样在南泥湾湿润泥土的滋润下“破土而出”。

……

中午过后，我一边收拾画具，一边跟他俩开玩笑说：“看吧，今天的雨是下对了，不然怎么叫南泥湾小江南呢，我们得沾点泥，才算是真的来过南泥湾。”

在离南泥湾不远的路边小店，

南泥湾今貌
水墨设色纸本 / 138cmx70cm
写生地点→陕西省延安市南泥湾
写生时间→ 2018 年 4 月 12 日

南泥湾
今貌
一九四一年三月
八路军三五九
旅南泥湾开展
了大生产运
动南泥湾是
延安精神
的发源地
二〇一八年四月
十二日在此写生

我们每人吃了一碗地道的香菇面，感觉身体总算是暖和了一些。

当日下午，雨越下越大。我们就利用这个机会，去寻找 1943 年毛泽东视察南泥湾时到过的金盆湾。任长安开车在雨中向南泥湾深处奔驰而去，走了很远，又经过几道岔路，才找到金盆湾，但是这里正在修建，高高堆起的沙土挡住了去路，我们只能远远瞭望那片老房子。停留片刻之后，我还是决定冒雨去里面看看。雨伞在大雨的撞击下摇晃不止，我的双脚在泥泞中蹒跚着，却无法走到老房子的跟前。我拧着身体向四周探望，希望能寻觅到一点线索，却许久不见一个人影。无奈，我们只好又回到南泥湾纪念碑下，大家坐在车里一边等待雨停，一边商量着怎样才能进入毛泽东旧居院子内去写生。

任长安坐不住又去村里找人打听了，其实村里已经没有几户人家。雨好像没有停下来的意思，我也坐不住了，就撑起雨伞再向毛泽东旧居走去，我小心翼翼地踩着墙根下的枯木，踮着脚往墙内望，一座 5 孔石窑的院子被风雨洗刷着。看似窑洞经过翻修，虽然比较整洁，但凭着凹凸不平的窑洞和东倒西歪的顶檐柱子，足见南泥湾时期它是多么的简陋。根据窑洞外墙面上挂着的红色牌子，得知右边两孔是毛泽东旧居，中间那孔是彭德怀旧居，最左边一孔是任弼时旧居。我正扒着墙头观察院子的每一处，任长安从一家农户里走出来，告诉我说打听了几个人都不知道毛泽东旧居大门钥匙谁拿着，但是找到了梯子，问我能不能爬梯子进去。我跟着他去农户家看梯子，所谓梯子其实是由两根三角铁焊成的架子，勉强可以当梯子用，只是这样做太危险，我考虑再三还是放弃了。

天色渐暗，雨仍不见停，这时才突然想起，何不联系一下市文联，看看能不能帮忙找到拿钥匙的人。任长安经过一番周折，终于电话联系到延安市宝塔区文联，不知是没解释清楚，还是人家有疑虑，好像对我们的请求不太在意。

“算了，尽量不麻烦人家，还是我们自己想办法吧。”我跟任长安说。倔强的他，仍要坚持打电话。不知又找了几个人，终于传来了好消息。

“人家终于理解了，说愿意支持，答应明天帮我们找拿钥匙的人，还要安排一个人陪我们一起来。”

任长安做事虽然有点粗略，但他对待朋友那是没得说，我的陕北之行，如果没有他，可以说是寸步难行。我俩性格相反，我缓他急，我习惯自己苦寻，他擅于求助。换句话说，我是死脑筋，他是活脑袋。正因如此，我俩互补，在寻访途中有些棘手的事情经常能柳暗花明。

第二天一大早，我们先找到宝塔区文联，一个小时后，文联的高建伟跟我们一同迎着风雨，再次踏上了去南泥湾的行程。

高建伟给我们介绍说，南泥湾有个展览馆，原来就在南泥湾毛泽东旧居附近，现在要重建。为方便游人参观，就在快到南泥湾的地方建了个临时展览馆。就这样，我们先到了南泥湾临时展览馆，高建伟帮我们找来了馆长，馆长安排讲解员李茜带我们进馆，她声情并茂地逐一讲述着南泥湾艰苦与乐观并存的往事。在一块《南泥湾》歌谱的展板前，她兴高采烈地引领在场的所有人一起唱了起来。李茜说，她给观众讲解时，几乎每次都会在这里达到高潮。我看到展柜里那些实物展品，它们都在述说着南泥湾从开荒初期到后来不同阶段的变化。中央首长和广大指战员开始连粗粮都吃不饱，在短短两三年里，发生了翻天覆地的变化，后来大家就能吃上十几种蔬菜、细粮和肉、蛋、油等高级食品了，穿的、用的也都明显充足了。在其中一个展柜的小角落里，我发现了一个很小很特别的物件，是用一颗子弹壳做成的笔，李茜介绍说，那

钱钱饭，缺粮度荒时，一种由黑豆等杂粮压制成的粗饭

是战士在南泥湾开荒时发明创造的，是战争与劳动的智慧产物。

展厅中，有一张照片吸引了我的视线，一个很小的小女孩正在有模有样地转动木轮纺车学纺线。我凝视着不忍离开，李茜也停了下来，看情形她是要为我讲解照片中小女孩的故事，我忙说：“不要讲出来，这幅照片它自己是会说话的。”

八路军 359 旅战士自己动手制作的子弹壳笔

李茜在讲述毛泽东到南泥湾视察的情景时，似乎特别亢奋。

1943 年 10 月下旬的一天，晴空万里，毛泽东从枣园出发，与任弼时、彭德怀等人来到南泥湾视察八路军第 359 旅屯垦和生产情况。毛泽东看到长势喜人的庄稼，心里万分高兴，一边走一边看，连连称赞王震有办法。他来到一块稻田上，同正在劳动的干部和战士亲切地交谈起来，见到农民又询问对部队有没有意见，整整走了一个上午。毛泽东来到 359 旅所在的金盆湾，王震认为毛泽东经过半天乘车的颠簸和步行，一定很累了，就请他先到旅部吃饭休息。

毛泽东笑着说：“刚来就开饭，可见你们粮食很多啊！”

大生产运动中，只有 7 岁的小吴萍也学会了纺线（历史图片）

吃饭时，毛泽东问起部队的伙食，王震回答：“刚来那年，平均每人种 3 亩地，一般每天只吃两顿用南瓜、洋芋、野菜伴和小米或玉米面做成的杂和饭。1942 年以后，每人每天可吃到一斤半粮，一斤半菜，每月两到三斤肉。今年每人平均种地 10 亩多。部队的口号是：不要政府一分钱、一寸布、一粒米，做到粮食经费全自给。明年的口号是：耕二余一，

★ 毛泽东：同志，你的工作很光荣。把猪养得肥肥的，给同志们改善了生活。

每人生产指标是6石1斗细粮，不仅自己要够吃，还要给政府上交公粮。”

饭后，毛泽东叫王震陪他去金盆湾附近视察，还参观了战士宿舍、养猪场等地方。当毛泽东看到饲养员老杜头正在圈里掏猪粪时，他站在栏外看着一大群懒洋洋的肥猪和一窝活蹦乱跑的小猪崽，就笑着说：“老同志，你养的猪好肥啊！”

老杜头只顾一个劲儿地干活，没有听到。

王震赶忙大声说：“老杜头，毛主席赞扬你哩！”

老杜头这才发现站在旁边的毛泽东，他手忙脚乱地连忙向毛泽东敬礼，答道：“过去没有养过猪，养不肥。”

毛泽东和他握手并问他多大年纪，家乡在哪里，又说：“老同志，你的工作很光荣。把猪养得肥肥的，给同志们改善了生活。”

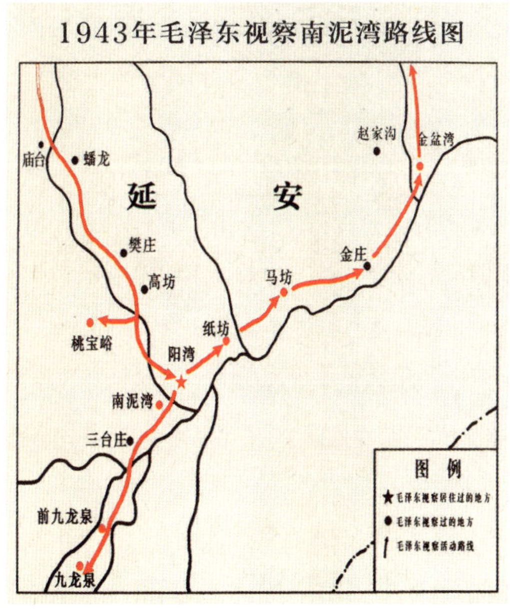

毛泽东走了很多地方，依然兴致勃勃，毫无倦意。他沿着田间小路，朝着718团的驻地马坊、四支队的驻地阳湾和719团的驻地九龙泉，边走边聊，一直到天黑才回到住处。毛泽东在南泥湾的几天里，白天由王震等人陪同察看庄稼，巡视部队，和战士、老乡交谈，接见劳动英雄，晚上住在阳湾的窑洞里，和王震等一起讨论工作。

在南泥湾，毛泽东鼓励战士们说，困难并不是不可征服的怪物，大家动手征服它，它就低头了。敌人封锁我们，我们的回答就是自己动手，用我们的双手做到生产自给，丰衣足食。

……

1943年10月，毛泽东视察南泥湾八路军炮兵团去检阅部队的途中（南泥湾革命纪念馆提供）

在展室里，还有一张老照片也吸引了我的注意力。照片中的毛泽东正英姿飒爽地大步走在几位八路军战士的前面。李茜介绍说，这是毛泽东在视察南泥湾的几天中，拍摄的唯一一张照片，里面还有一段很特别的故事。一听说有故事，我立刻精神起来。她指着照片中毛泽东鼓鼓囊囊的上衣口袋说，故事就在这里面，但她始终没有细说，算是给我卖了一个关子。带着这个谜团，经过多方查寻，我终于找到了答案。

时任359旅炮兵团教导营营长的宋承志，在回忆中是这样描述的：

1943年10月30日，毛泽东在视察359旅返回延安的途中，又专程来到位于桃宝峪的八路军炮兵团视察。为了组织好这次视察活动，团里让我临时担任毛泽东视察时的保卫工作。上午，毛泽东听取了炮兵团团长兼政治委员邱创成和副团长匡裕民的工作汇报后，兴致勃勃地和我们一起用餐。团里用自己种的菜、喂的鸡、养的猪，好好招待了毛泽东一行。午饭后，我见餐桌上还剩有半只烧鸡，就拿了一张报纸包了起来，顺手装进毛泽东的上衣口袋里，让他带回去补补身子。因为在当时生活比较困难的情况下，烧鸡还是比较稀罕的东西。饭后，邱创成、我，以及团、营领导陪同毛泽东到操场检阅部队。在毛泽东去操场检阅部队的途中，一直在身边陪同毛泽东的江青拍摄了这张珍贵的照片。毛泽东检阅部队后，还观看了连队的操炮表演和各种火炮器材。毛泽东高兴地对邱创成说，炮兵团在南泥湾搞得很不错啊！看来困难这个怪物不是不可克服的。你们做到了战备、生产两不误，为将来成立炮兵学校打好了物质基础。毛泽东的话，对炮兵团全体指战员是一个极大的鼓舞和鞭策，部队士气大振，全团在完成生产和政风的同时，掀起了大练兵的热潮。

……

连着两天下雨，参观的人不多，在李茜的激情讲述中，我们独享了一次丰盛的精神大餐。之后，馆长叫来了一位小伙子，他拿上两把钥匙，带我们离开了展览馆。小伙子打开两道大门的锁，终于进入了毛泽东在南泥湾视察时居住过的窑洞院子。或是天意吧，经过一番曲折，此时天空正在放晴。在外寻访，时间和天气实在是太重要了，有时需要争分夺秒，有时需要漫不经心，有时需要坚持到底，有时需要默默放弃。

大家走进院子里，各自寻觅自己的兴趣点。我将画具放在院子的东南角，然后逐一进入每一孔窑洞细细探察。或许是将要翻修的缘故，窑洞内没有一件展物。窑洞虽然经过打扫，仍能显现出当年的简陋状况，松软的黄土覆盖了砖石砌成的炕和灶。

回到院子的角落里，我慢慢地准备着画具，细细地观察周围的一切。那棵从根部就开始分岔的高大粗壮的槐树，足有上百年的树龄了。还有窑洞门口的檐子，应该是借鉴了南方民居的样式所建。窑洞上方那高高的墙体，遮挡了后面高山的大部分，只露出远处的山头。雨后的院子里又潮又冷，我静静地坐在那里描绘着毛泽东、彭德怀和任弼时视察南泥湾时住过的这几孔旧窑洞。

八路军战士们在南泥湾开荒和毛泽东视察的影像，以及眼前的这片苍凉，在我的脑海里交织在一起，像过电影一样依次浮现。

南泥湾毛泽东旧居

水墨设色纸本 / 69cmx46cm

写生地点→陕西省延安市南泥湾

写生时间→ 2018 年 4 月 13 日

聆听毛泽东在枣园的故事

我第一次走进延安枣园革命旧址，是在2017年9月21日上午。那是一处公园式的革命景区，茂密的树丛中人头攒动，游人在各个建筑旧址中参观浏览。我首先要去看毛泽东旧居，走上一段缓缓的坡路之后，一连排有几处院落，在宽阔的院落里是一排厚重的石窑洞。毛泽东在枣园的旧居有一个明显特征，与他住过的其他所有地方的窑洞不同，在每一个窑洞口上面的窗户中间都有一个大大的五角星图案，左、右两边是太阳图案，显然这是有特殊意义的。五孔石窑紧紧依靠在一座不高的山坡前面，窑洞右边有一个防空洞。在院子中，还有一个古老的小亭子，当年毛泽东常在这里会客和看书报。

我将画具放在墙边的柏树下，然后进入各个窑洞内观看毛泽东居住的情况。虽说枣园的居住条件和环境比起原来住的地方要好很多，但是物资仍然是匮乏的，毛泽东所用物品，无非一些基本的生活和办公设施，仍旧很简陋。窑洞内陈设的用品和图片资料，默默“讲述”着延安时期的战斗与生活情形。

1943年10月至1945年12月，毛泽东在枣园的办公桌（2017年）

1943年10月，毛泽东由杨家岭迁到枣园，一直住到1946年1月。中共中央书记处则一直驻扎到1947年。在这里，中共中央书记处和毛泽东、朱德、刘少奇、周恩来、任弼时继续领导了全党的整风运动和大生产运动。其间，毛泽东主持召开了党的六届七中全会和第七次全国代表大会。毛泽东在此居住期间，写下了《关于领导方法的若干问题》《开展根据地的减租生产和拥政爱民运动》《评国民党十一中全会和三届二次国民参政会》《组织起来》《两三年内完成学习经济工作》《学习和时局》《评蒋介石在双十节的演说》《文化工作中的统一战线》《论联合政府》《抗日战争胜利后的时局和我们的方针》《对日冠的最后一战》《关于重庆谈判》《建立巩固的东北根据地》等许多指导中国革命的重要文章，收入《毛泽东选集》的有 28 篇之多。

1944 年 9 月 8 日，毛泽东在枣园后沟的西山脚下，出席了张思德烈士追悼大会，亲笔题写挽词：“向为人民利益而牺牲的张思德同志致敬！”并发表了《为人民服务》的重要讲话。11 月，毛泽东在这里接见了美国总统罗斯福的私人代表赫尔利，并进行了两天两夜的会谈，签署了《关于成立联合政府中共给国民政府的五点建议》。12 月，又会见了包瑞德，对国民党的三点建议给予有力批驳。

1945 年 8 月，毛泽东、周恩来从这里出发，赴重庆谈判。1947 年中共中央撤离延安后，国民党军队对延安进行了毁灭性破坏，枣园也严重受损。

1943 年，快乐时光的定格（枣园毛泽东旧居提供）

在众多的图片资料中，我被一张 1943 年拍摄的黑白照片吸引住了。照片中，毛泽东和两个小女孩正在一起玩耍，透射着浓浓的温情。李讷和叶燕燕（叶子龙女儿）似乎正在做着什么游戏，毛泽东喜笑颜开，除了他那很特别的发型，开心的样子就像一位农民老汉。在那艰苦的延安时期，这一瞬间是那么的幸福与珍贵。

1943 年 10 月至 1945 年 12 月，毛泽东在枣园的书房（2017 年）

李讷回忆说，她在延安出生后，基本都是在父亲毛泽东和母亲江青身边，因为父亲的其他儿女们都在苏联，只有她这个最小的女儿在身边，而且毛泽东也需要有一个孩子在身边。那时候她很小，没有去儿童保育院。在延安时期，生活条件十分艰苦，毛泽东又夜以继日地埋头工作，不知疲劳，这也成为工作人员特别犯愁的一道难题，大家劝说毛泽东休息，效果不大，于是李讷就成了动员父亲休息的法宝。工作人员见毛泽东实在太累，又劝不动时，就让只有两三岁的小李讷进入窑洞劝父亲休息。毛泽东见到小李讷就会情不自禁地喊着“大娃娃”把她抱起来，李讷喊着“小爸爸”，然后父女俩就会轻松地玩耍一会儿。

李讷说，记得她小时候能完整说出的第一句话就是“爸爸，散步去”。毛泽东每次听到这句话，就会自觉地拉着小李讷的手出去散步。她的小手从抓住父亲的一根手指头，到两根手指头，再到能够完全握住整只手，她就这样慢慢地长大了。

“爸爸，散步去。”

这句话成了他们父女之间最默契的协议。

我对毛泽东在枣园居住时期的往事有了基本了解之后，便到院子的南侧，在一棵柏树下面，描绘这座有些特别的窑洞院落。我正写生时，突然又发现这排窑洞还另有特别之处。在窑洞上方，有几根雕得像龙头似的石柱子从墙里面探出来，这明明是托房檐用的，在陕北的石窑建筑中是常见的样式，但是这里却没有房檐。房檐本是用来遮挡风雨和烈日的，为何没有呢？我带着这个疑问请教了身边的景区工作人员，原来这里还有一个小小的传说。

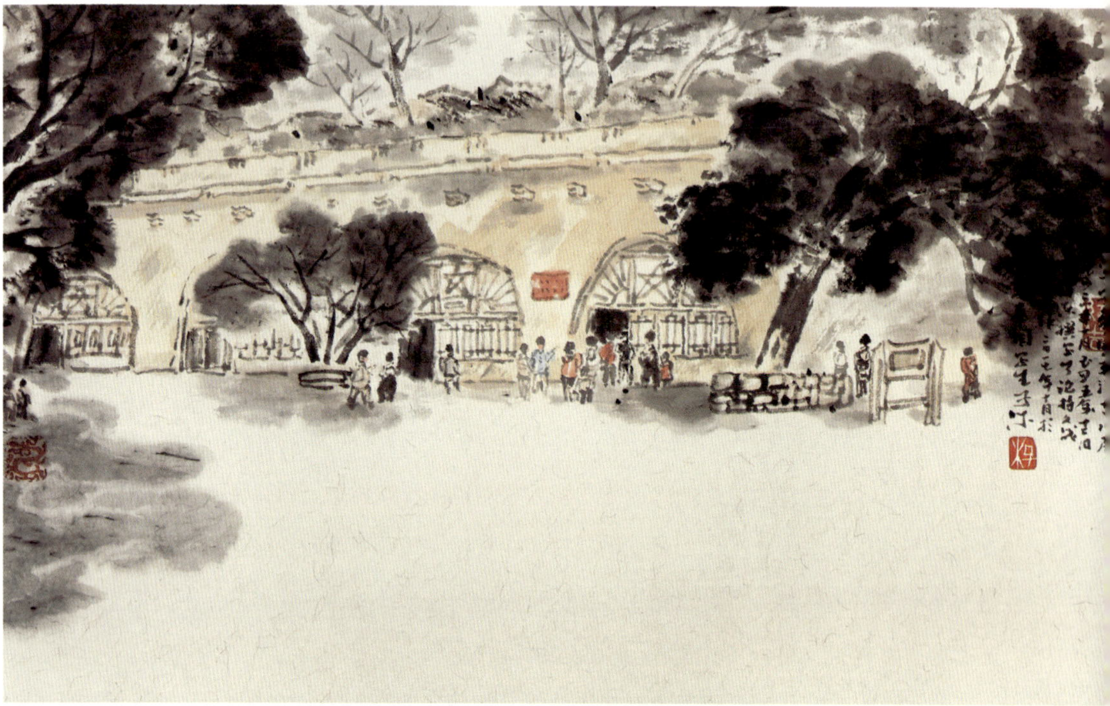

延安枣园毛泽东旧居

水墨设色纸本 / 65cmx39cm

写生地点→陕西省延安市枣园革命旧址

写生时间→ 2017 年 9 月 21 日

1943 年 10 月至 1945 年 12 月，毛泽东在枣园的卧室（2017 年）

枣园的这处窑洞原本是地主庄园，当然建造是很阔气的，房檐自然是有的。毛泽东住进枣园后，对这处窑洞进行了改造，首先对门窗进行更换，然后就是把房檐给拆掉了。据说，毛泽东曾说："人在屋檐下怎能不低头，我毛泽东偏偏就是不低这个头！"于是就改造成了一排亮堂堂的窑洞，那排龙头石柱保留了下来。

几个小时后，《延安枣园毛泽东旧居》写生稿基本完成，画面中大面积的留白，代表我想了解却未及了解的故事。我又逐一参观了朱德、周恩来、刘少奇、任弼时、张闻天、彭德怀等中央领导的旧居，都是极其普通简陋的窑洞居所。

我在枣园毛泽东旧居处写生之后，仍不愿离去，此时突然想起一件事。去年 6 月，我在佳县采风时，在县城遇到了康德武，他是延永生的外甥。真是无巧不成书，延永生恰恰在延安时期曾经给毛泽东当过警卫。康德武帮我联系上了在北京的延永生老先生，约好等我回京后去看他。

回到北京，我专程到延永生家中探望。延永生是陕西绥德人，在延安时期的大部分时间和整个转战陕北的行程中他是亲历与见证者。我的到访，很快勾起了老爷子的激动心情，延永生回忆道：

"1946 年 10 月，国民党飞机轰炸延安，杨家岭建筑物多，易被敌人发现，毛主席从杨家岭又搬回到枣园，住在后沟水草清的一排土窑洞里。警卫员和通信员住的窑洞离他很近，大家共用一个厕所，晚上出去上厕所，有时就能碰上毛主席。这年冬天，因为我住的窑洞不向阳，特别冷。一天晚上，为了让窑洞里暖和点，在睡觉前，特意往炭盆里多添了几块木炭。深夜时，我被值班警卫喊醒，说有一封主席急电要立即送给李质忠科长。我急急忙忙穿好衣服，准备上趟厕所就去执行任务。从厕所返回的路上，我糊里糊涂地掉进了厕所旁边的小水沟里，动弹不得。后来，我好像隐隐约约地听到毛主席和江青的说话声。再往后，我什么也不知道了。”

此时，我看到延永生的眼睛似乎有些湿润。

“第二天醒来后才知道，我是因为煤气中毒掉进水沟的，是毛主席上厕所时发现了我。主席叫人把我抬回窑洞里，让江青给医院打电话，外国医生米大夫从王家坪医院赶过来。毛主席和江青陪着大夫来到我的床前，亲自看着大夫给我诊治，过了很久才和米大夫一起离去。”

延永生说着说着，几度哽咽，眼睛里已经含着有些浑浊的泪水了。瞬间，我的眼睛也感到有些酸酸涩涩。坐在延永生身边的老伴儿焦阿姨，也沉浸在同样的心情中。我不忍打断他的思绪，继续聆听他和毛泽东之间的往事。

延永生讲述他和毛泽东之间的往事（2017 年）

“当时，我确实中毒很严重，经过诊治后，虽然知觉有些恢复，但就是说不出话来。毛主席不放心，又来看我。当时，我特别激动，嘴里只能发出“呀呀呀”的声音，眼泪直流。我记得很清楚，当时毛主席笑着安慰我说：‘小鬼，你死不了了！’”

“是毛主席和江青救了我，不然我就没命了……”

延永生最后这句话重复了好几遍，激动的心情久久不能平静。

临走时，延永生和焦阿姨要留我在家中吃饭。我情不自禁地扶着老爷子的腰说："去陕北写生时，常有乡亲留吃饭，我这是又到陕北了。"大家哈哈大笑。

1949 年，延永生跟随毛泽东和解放大军进入北京。68 年过去了，如今他已是"乡音无改鬓毛衰"的耄耋老人，说话还是陕北口音。焦阿姨曾在毛泽东的女儿李讷身边工作，他们都是有故事的宝贝。

2017 年 9 月 24 日，我第二次到枣园革命旧址寻访，这次我重点参观了中共中央书记处礼堂，了解一些发生在这里的故事。

在解放区开展的军民大生产运动中，1943 年秋天，枣园中共中央书记处礼堂举行了轰轰烈烈的中直机关纺线比赛，几百架纺车在参赛人员的手中同时运转，场面无比壮观。在比赛中，周恩来和任弼时双双被评为"纺线能手"。

1945 年 8 月 25 日，中央政治局在书记处礼堂彻夜开会，讨论研究通过了毛泽东亲赴重庆同蒋介石谈判的决定。

每年春节期间，中央领导同志也经常在这里接待来拜年的群众。

书记处礼堂亦称职工俱乐部，于 1941 年建成。令人欣喜的是，这座建筑

1943 年秋，在枣园中共中央书记处礼堂举行的中直机关纺线比赛（历史图片）

延安中共中央书记处礼堂旧址

水墨设色纸本 / 65cmx39cm

写生地点→陕西省延安市枣园革命旧址

写生时间→ 2017 年 9 月 24 日

也有特别之处。它虽然建筑面积不是很大，但造型很是奇特，墙体结构是苏式风格，墙面有几处凸凹拐角，门窗造型上拱下方，简单朴素。房顶则采用了南方的斜坡小瓦样式。整体建筑风格小巧别致，在周围郁郁葱葱的树林和远山的衬托下，加上刚刚下过的一场小雨，更增一抹水墨韵味。于是，它激发了我的写生欲望。在写生中，来来往往的游人从面前走过，但没有影响我继续写生。突然看到有一位游人，穿着鲜艳的服装，面对着书记处礼堂，举着手机在拍照。她恰恰站在我的前方，这个瞬间被我迅速抓到画面中，使这处独特的风景又增添了一缕色彩。

2018 年 4 月 14 日中午，我第三次来到枣园革命旧址，这次写生，我准备画朱德旧居。

1949 年，解放社出版的《论解放区战场》（作者藏书）

上次画过毛泽东旧居之后，曾到朱德旧居看过，这里的故事同样让我印象深刻。朱德旧居的院子在毛泽东旧居院子的右侧，也是由 5 孔石窑组成的大院落。

1945 年 8 月，朱德由王家坪迁到枣园。在抗日战争向解放战争转变的历史关头，朱德肩负中央军委副主席、解放军总司令的重任，协助毛泽东处理军机大事。也就是在这里，朱德总司令签发了《命令冈村宁次投降》的命令。朱德是一位令人尊敬的革命者，他出身贫寒，一生为革命事业奋斗不止，以一代伟人的韬略与胸襟为革命、为人民奉献了一生；以一个普通人的品格与姿态为人生谱写了完美的乐章。

我在枣园朱德旧居处写生，仔细观察着院子里的每一处景致。这里的游人依然是人头攒动，有很多人围过来看我写生。院子里除了一棵姿态很是独特的百年大槐树，还有一方刻着象棋格子的石桌和几个石凳。听这里的人们谈论，朱德在枣园居住期间，年届 60 岁的

枣园朱德旧居

水墨设色纸本 / 65cmx45cm

写生地点→陕西省延安市枣园革命旧址

写生时间→ 2018 年 4 月 14 日

总司令在工作之余，常与部下在此车马对弈，算是很不错的娱乐生活了。

在延安时期，尤其是在枣园的故事中，不能不说一下中共中央西北局。

1937 年 5 月 15 日，中共陕甘宁特区委员会正式成立。

1940 年 9 月，陕甘宁边区党委改为中共陕甘宁边区中央局。

1941 年 5 月 13 日，中共中央决定将 1939 年年初成立的中共中央西北工作委员会和陕甘宁边区中央局合并，组成中共中央西北局，以加强党对西北地区（包括陕甘宁边区）各方面工作的领导。书记先后由高岗、彭德怀、习仲勋担任。

1942 年 9 月，西北局由延安城北张崖村迁到延安南川花石砭半山腰。

1947 年 3 月，中共中央西北局机关撤离延安，转战陕北。

中共中央西北局在延安时期，为贯彻执行党中央的路线、方针、政策，为陕甘宁边区建设成模范的抗日民主根据地，做出了巨大的贡献。

1945 年 10 月，时任西北局书记的高岗调到东北工作。

毛泽东在向党内同志介绍西北局书记时说：“要选择一位年轻的同志担任西北局书记，就是习仲勋，他是从群众中走出来的群众领袖。”

根据毛泽东提议，由习仲勋主持中共中央西北局的工作。此前，对习仲勋的工作安排，毛泽东曾有过几种考虑：一是让他与王震率部南下，二是和高岗去东北，再就是同陈毅去华东。毛泽东最后告诉习仲勋说：“我考虑再三，你还是应

1945 年 10 月至 1947 年 3 月，习仲勋在西北局的旧居办公环境（2018 年）

中共中央西北局旧址

水墨设色纸本 / 65cmx45cm

写生地点→陕西省延安市中共中央西北局旧址

写生时间→ 2018 年 4 月 10 日

该留在陕北，首先把陕甘宁边区建设好、巩固好，这是当务之急。”

当时，习仲勋才 32 岁，是各大分局中最年轻的书记。

美国学者李敦白曾和习仲勋从绥德一路赶往延安，他是这样描述习仲勋的：“他走到哪里，好像每一个村庄都有认识的人，他碰到这个人说，你婆姨的病好了没有，碰到那个人说，你爸爸的腰疼好了没有。”足见毛泽东说他是群众领袖，再准确不过了。

……

我带着对当年这位最年轻的西北局书记的好奇之心，于 2018 年 4 月 10 日下午，寻找到中共中央西北局旧址。这里一排排的窑洞依山而居，在花草树木的点缀下，既显出历史的沧桑，又有新时代的雅静。树上开满圣洁的白花，微风轻抚，散发着沁人的清香。

我背着画具，拿着马扎，信步自游。在最里面的一片平地上，有一排 10 孔的石窑，这里是高岗、马文瑞、习仲勋、马明方等 10 位西北局领导的旧居。我一一走进窑洞，仔细参观窑内的物品和图片、文字。很多陈设品大多是当年的旧物，默默“讲述”着往事。

参观之后，我选在机关干部餐厅旧址前面写生，这个位置正好可以把这排窑洞看得清楚。在一棵开着白花的树下，我慢慢描绘着西北局旧址的今日面貌。

陕甘宁边区
儿童保育院旧址

杨家岭革命旧址
中央大礼堂、中共中央办公厅旧址
毛泽东、朱德旧居

延安大学

王家坪革命旧址
中央军委、八路军总司令部旧址
毛泽东旧居

枣园革命旧址
中共中央书记处礼堂旧址
毛泽东、朱德旧居

枣园镇

八一敬老院

桥儿沟革命旧址
鲁迅艺术学院旧址

延安革命纪念馆

清凉山

桥儿沟镇

延安市
宝塔区

宝塔山

凤凰山革命旧址
毛泽东旧居

中共中央西北局旧址

吴枣园村
毛岸英务农旧居

三十里铺

四十里铺

金盆湾

南泥湾革命旧址
毛泽东旧居

南泥湾镇

作者在延安市宝塔区考察、写生示意图

（2016年10月18日至2019年11月1日）

王家坪的毛家风雨情

王家坪是毛泽东与中共中央撤离延安转战陕北之前的最后一个驻地。王家坪革命旧址位于迁安市区西北方向，隔延河与宝塔山相望，依山傍水，环境优美。我曾两次到王家坪革命旧址寻访、写生，对这里印象最深的有三点：一是1945年抗日战争胜利在中共中央军委大礼堂的欢呼声；二是1946年毛泽东与毛岸英在王家坪的父子情；三是陕北小江南般的优美环境。

2017年9月21日下午，天气有些阴沉，我带上画具走进了延安王家坪革命旧址。这里的建筑居舍零散分布在一座高山之下，几处高低错落着没有围墙的小院，组成了一幅优美的画面。一走进旧址，便有一处长方形的庞大建筑，这就是中共中央军委大礼堂。它是7间高大宽敞、四角翘起的大瓦房，它是由359旅木工伍积禅设计，于1943年建造的。军委总部的大型会议、晚会等集体活动都在这里举行。1943年12月，八路军总部在这里举行了欢迎劳动英雄大会，朱德代表总部向劳动英雄致欢迎词：“世界上真正的英雄是广大的劳动群众。在我们解放区，依靠广大群众的自力更生，才有今天的丰衣足食。”1945年8月15日，中央在这里举行了纪念抗日战争胜利大会。当我看着这座气派的大礼堂时，虽然是处于安静的环境中，欢庆胜利的热闹场景却总在我脑海里浮现。

第一次到王家坪，我并没有画军委大礼堂。第二年，我再次来到王家坪时，才记录下它的雄姿。之所以用画笔记录这座军委大礼堂，不仅是它的壮观吸引了我，同时还有更深意义的纪念，因为它见证了伟大的中国人民在艰苦条件下，在毛泽东等老一代革命家的领导下，军民一心，顽强抗争，最终取得胜利的光辉历史。

我对王家坪革命旧址进行了基本的了解，朱德、周恩来、彭德怀、王稼祥、叶剑英等人曾先后在此居住，我怀着憧憬的心情一一参观了他们居住过的窑洞，但我寻访的重点依旧是毛泽东旧居。我与其他游人一样，慢慢地走进了一座幽静且具有南方风格的小房子里，其实

延安王家坪中共中央军委礼堂

水墨设色纸本 / 65cmx45cm

写生地点→陕西省延安市王家坪革命旧址

写生时间→ 2018 年 4 月 15 日

这原本是一座两孔石窑的房子，后来经过改造，换了风格。这就是毛泽东于 1946 年 1 月至 1947 年 3 月间居住的地方。

旧居内部，与其他窑洞有点不同，在窑洞后面又开辟出很窄的一个空间，是毛泽东洗澡的地方。在房子的西侧墙外，有一处类似暗道一样的方形洞，像是有烧柴取暖的功能。在毛泽东的办公室和卧室里，依然是极其简陋的设施，除了一张极其简单的木床和许多书籍，再无特别之处。在这狭小的窑洞里，毛泽东先后写了《关于目前国际形势的几点估计》《以自卫战争粉碎蒋介石的进攻》《集中优势兵力，各个歼灭敌人》等著作，后来收入《毛泽东选集》的有 8 篇。

在窑洞里的墙壁上有一张毛泽东打乒乓球的照片，是 1946 年冬拍摄的。通过照片，我们能够看出毛泽东那淡定自若的秉性，他越是困难的时候，他越是显得那么自信。在王家坪居住的日子里，虽然前方战场烽烟滚滚，胸有成竹的毛泽东总是处变不惊。在百忙之中总会抽出一些时间，锻炼一下身体，与同志们做一些体育活动。乒乓球和游泳是毛泽东最喜爱的体育运动。毛泽东有时与江青打乒乓球，有时也与警卫员们打球。这种劳逸结合和镇定的心态也影响了很多首长，比如在前线指挥打仗的陈毅等，往往是那边的战场枪炮齐鸣，这边还在若无其事地打篮球。

我走出窑洞，房子的上面长满了厚厚的杂草，一棵硕大的老柳树与这座石窑相依相伴。在大柳树的怀抱下，一块不大且很平坦的地面上，有一方很小的石桌，这里曾经印下了一段美丽的故事。故事要从旧居旁边的一块牌子上的旧照片说起。

这究竟是怎样一张照片呢？那是 1946 年春，毛泽东与毛岸英在王家坪拍摄的一张父子合影。这张看似普通的照片，定格了历史，成为人们心中永远的情怀。也就是那一方小小石桌，毛泽东与毛岸英的一次倾心畅谈，铸就了毛岸英的英雄人生。

1946 年 2 月，毛岸英从莫斯科大学毕业后回到了延安，这对毛泽东来说是极大的喜事，正在病中的他，身体一下子轻松了许多。王家坪八路军总部的领导考虑到毛岸英刚从苏联回

★ 毛泽东：你还需要另上一个大学，这个大学中国过去没有，
外国也没有，这就是“劳动大学”。

了国，生活上一定不习惯，就安排他住在了延安交际处，这里的条件相对好一些。一天，毛泽东到交际处看望客人，正好看到毛岸英也在交际处与其他人谈话。毛泽东便问交际处的负责人：

“岸英也住在这里吗？”

“是的。”

“为什么让他住在这里？”

“这是上级领导的意见，考虑到岸英刚从苏联回来，生活上不大习惯，让他在这里适应一段时间，反正马上就要分配工作了，工作前就让他在这里住几天吧。”

毛泽东听后没有说话，只是摇了摇头，一脸不高兴的样子。没过几天，毛岸英就搬出去了。

几天后的一个下午，毛岸英到王家坪看望多年不见的父亲毛泽东。二十几岁的他英姿飒爽，着一身洋气的列宁服装。他心情特别激动地向毛泽东汇报自己在莫斯科学习的情况。父子俩就坐在大柳树下石桌旁的小石墩上，他们亲切温和地聊天，小院里回荡着浓浓的父子深情，将寒冷的空气一扫而光。

毛泽东微笑着问毛岸英：“你在苏联能经常读中国的书吗？”

“经常读。读过《红楼梦》《水浒》，还有鲁迅的书。”

毛泽东略感欣慰地点点头说：“还好，你应当知道中国的知识，更要懂得中国革命的知识。你在苏联的大学毕业了，但学的只是书本上的知识，只是知识的一半，这是不完全的。你还需要另上一个大学，这个大学中国过去没有，外国也没有，这就是‘劳动大学’。在这个大学里，你可以学到书本上学不到的知识，送你去好吗？”

“好，好，我去！”毛岸英很痛快地回答道。

“这些同志都参加革命很多年了，在他们身上，有许多优秀的品质，岸英你要多向他们学习！”毛泽东面带喜悦地指着身边几名同志又说道。

刚回国的毛岸英，在所有人的眼里是天之骄子，是留过洋的年轻人，众人都投来夸赞和

1946 年，毛泽东与毛岸英在王家坪（延安王家坪革命旧址提供）

羡慕的目光。其实他心里也多少有那么一点扬扬自得的轻松感，毕竟他经历战火的岁月很少。父亲的良苦用心，很快就令他意识到作为毛泽东的儿子，身上还缺乏很多历练和智慧。他对将要去的“劳动大学”充满了激情，后来的苦头和磨炼确实也锻造了一名坚韧的战士。他将这一喜悦告诉了周围的人，大家从来没有听说过在中国还有“劳动大学”这么一说，都感到好奇。“爸爸决定让我到农村去参加劳动，从开荒、播种一直到收割、打场完才能回来。还要自带行李、口粮和种子。”毛岸英完全被想象中的新生活给吸引了，逢人便说。

几天后，毛岸英背着被子、小米和菜籽等物品，就去了延安吴家枣园“劳动大学”。临走时，毛泽东把自己的一套打过补丁的灰布衣服给他穿上，再三叮嘱，到了乡下要和农民同吃同住同劳动，虚心向群众学习农业知识。他到了吴家枣园后，就拜陕甘宁边区特等劳模吴满有为师，向他学习种地技术。毛岸英跟随吴满有及家人，勤谨好学，忘我劳动。他和当地的群众打成一片，刻苦锻炼自己。村长郝光华和生产队员们怕把他累坏了，都劝他少干些。可是，毛岸英却笑着说：“我是来跟你们一起劳动的，向叔叔们学习的，怎么能特殊呢！”他见大家手上都有厚厚的茧子，说道：“我也要锻炼得和你们一样。”

毛岸英开始学习刨地时，由于没有掌握使用镢的技巧，只是使蛮劲向前直掏，特别吃力。加上用力过猛，没多久，累得他不仅满头大汗，手上也打起了血泡。后来血泡磨破了，鲜血染红了镢把。大家发现后，都心疼地问他，他却笑嘻嘻地说：“不妨事！”大家一再劝他歇

毛岸英务农旧居
水墨设色纸本 / 65cmx45cm
写生地点→陕西省延安市宝塔区柳林镇吴枣园村
写生时间→ 2018 年 4 月 10 日

歇再干，他却乐呵呵地说："我年轻呢，需要好好磨炼！"

没有多长时间，毛岸英就学会了开山垦荒、撒播籽种、清圈送肥、间苗锄禾、收割碾打等农作技术，还经常在村舍里慰问烈军属，帮助青少年识字扫盲，整整磨砺了一个农作季节，生活战斗了一年零两个月。当毛泽东看到儿子手上厚厚的茧子时，满意地笑了。

为了感受毛岸英的劳动生活情形，我于 2018 年 4 月 10 日上午，找到了位于延安城南的吴家枣园毛岸英务农旧居。在出发前，我特意请教了在延安市文联工作的成路，听说他们几个人早在十多年前就寻访过毛岸英旧居，并在 2001 年的《延安文学》上刊发了《寻访毛岸英当农民的地方》《建设毛岸英青少年教育基地的倡议书》的文章。

当我登上一座高高的山坡，走进一个有一排土窑洞的院子时，眼前的一幕让我再次感受到历史的沧桑。虽说是经过修复，但极其粗糙且不规则的窑洞，就像远古人用石斧掏成的。这里保存着毛岸英曾穴居过的土窑洞、亲手种植的国槐、牵驴滚碾过的打谷场、推过的石磨盘，及一件件锈迹斑驳的农具。我静静地停留在黑暗的窑洞里，抚摸着破旧不堪的小炕桌，透过方格窗花微弱的光线，细细端详窑内每一件被尘土覆盖着的旧物。

周围是那样的安静，我走出窑洞，来到院子的东南角，在杂草丛中描绘并记录了这处让我感触极深的地方。

延安王家坪毛泽东旧居
水墨设色纸本 / 65cmx39cm
写生地点→陕西省延安市王家坪革命旧址
写生时间→ 2017 年 9 月 21 日

中共中央撤出延安

1947 年 3 月初，国民党胡宗南的部队向陕甘宁边区发动了重点进攻，派大批飞机在王家坪上空轮番轰炸，扔下无数炸弹。此时的毛泽东仍然镇定自若地在窑洞里写作。警卫员多次催他到防空洞里去躲避。

“不要紧，窑没事，厚着呢。”

毛泽东正说着，石国瑞从外面捡了一块弹片拿来给他看，他接过还有些热得发烫的弹片，在手里掂了掂。

“这个很好啊！可以打两把菜刀。”

……

3 月 14 日，毛泽东在王家坪接见了参加延安保卫战的新四旅的张贤约、黄振棠、程悦长等负责同志，进行长时间的谈话，反复阐明放弃延安的重大意义。几位负责同志表示，中央决定放弃延安，许多人想不通，广大指战员表示要誓死保卫党中央、保卫毛主席、保卫延安！

毛泽东笑着说：“你们的决心很好，延安是要保卫的。我们在延安住了 10 年，挖了窑洞，吃了小米，培养了干部，指导了中国革命，全中国、全世界都知道有个延安，延安不能不保。但是，延安又不可不弃。蒋介石调集了二十多万人马，在美帝国主义的支持下，有飞机、坦克、大炮，而我们保卫延安的军队只有两万多人，基本上还是小米加步枪。我们这点人一下子要消灭敌人是

1946 年 1 月至 1947 年 3 月，毛泽东在王家坪的旧居（2017 年）

有困难的。如果死守一城一池，那是自背包袱。蒋介石一贯以占领地盘为胜利，一旦占领一个小小的地方也舍不得放弃。我们就把这个包袱给蒋介石背上，他背得越多就越走不动！那时，我们集中力量，要打哪里就打哪里！”

毛泽东接着说：“今天放弃延安，就意味着将来要解放西安，解放南京，解放全中国。我们的战术是‘蘑菇战术’，就是牵着敌人的鼻子在山沟里转圈圈，把敌人肥的拖瘦，瘦的拖垮，拖得精疲力竭，然后再集中优势兵力，各个歼灭。现在大家的主要任务是拖住敌人，让敌人陷入这里拔不出脚来。除了大家，再加上我毛泽东，还有新华社，一起留在陕北。”

临结束时，毛泽东又嘱咐说：“回去以后，要给战士们讲清楚撤离延安的道理，告诉大家，少则一年，多则两年，我们是要回到延安的。”

毛泽东把同志们送到门口，与大家握着手说：“好啊！大家下次在哪里见面呢？可能不是延安了，也许是南京、上海或者是北平吧！”

3 月 16 日，在胡宗南进攻延安的炮火声中，毛泽东以中央军委主席的名义发布了《中央革命军事委员会于边区各部队保卫延安的命令》。命令：我边区各兵团有坚决保卫延安任务，必须在三十里铺、松树岭线以南甘泉、南泥湾、金盆湾地区，再抗击十天至两星期，才能取得外线配合，粉碎胡军进攻延安的企图……在防御战斗中疲劳与消耗敌人之后，即可集中五个旅以上打运动战，各个歼灭敌人，彻底粉碎敌人的进攻。

此时，胡宗南的部队已经到达延安城南的金盆湾和南泥湾一带，参加延安保卫战的战士正在与敌人激战，枪炮声从早到晚，不曾停息。敌人距离王家坪已经很近了，毛泽东依旧泰然自若，丝毫感觉不出要撤离的意思。毛泽东如往日一样，看电报、看战报、看地图、抽烟沉思。人们都很纳闷：毛主席既然已经决定要撤离延安了，为何就是不说什么时候走呢？

3 月 18 日清晨，从毛泽东的窑洞里传出来一阵阵争吵声和碗筷的哗啦声。听到响声的阎长林赶紧跑进窑洞里，看见饭桌被掀翻，饭菜和摔碎的碗碟撒了一地，毛泽东气呼呼地抽烟，江青把李讷抱在怀里，泪水流了满面。原来，早上李讷在院子里玩，一个警卫员逗她说：

★ 毛泽东：现在敌人离延安不远了，正往这里打炮，你怕不怕？
★ 李讷：爸爸不怕，我就不怕。

“李讷，你还不早点走哇。你听，前边正在打炮，我们跟主席马上就走了。你早点走还有车坐，晚了就没有汽车了。等敌人打来，我们都去照顾主席，不能背你，看你怎么办？”信以为真的李讷回去跟妈妈说：“警卫员叔叔说，叫我早点走，敌人来了，警卫员叔叔只管爸爸，不管我们。”

这显然是逗孩子的玩笑话，江青当真了，就对毛泽东哭着说：“现在敌人还没有打到头上，警卫员就不管我和李讷了，把我们当包袱，我跟李讷先走好了。”

毛泽东解释说：“他们是和孩子开玩笑的，你不要当真嘛。”

江青仍然哭着说：“现在是什么时候！这个时候说这种话可不是开玩笑，是他们真实的想法。”

毛泽东有些生气了，大声说：“我就不相信他们到时候不管我们的孩子！如果他们不管，我来管，我背着李讷，行了吧！”

江青依然不依不饶，边哭边拉着李讷就要走。

这下毛泽东真生气了，猛地把饭桌一推，说：“你怕死！你走！小孩子不能走，我要叫她在这里听听炮声！”

毛泽东几天前就问李讷：“飞机轰炸，你怕不怕呀？”

李讷答道：“我和阿姨跑到防空洞里就不怕了。”

“现在敌人离延安不远了，正往这里打炮，你怕不怕？”

“爸爸不怕，我就不怕。”李讷干脆地回答道。

此时，彭德怀正在院子里跟警卫员说话。

彭德怀问阎长林：“你们警卫排的人都打过仗吗？”

“我们排大多是从前方调来的，都经过多年的战斗锻炼，最近在防空战斗中表现得也很英勇、沉着。请彭总放心，我们一定能保证毛主席的安全！”

彭德怀满意地点头说：“敌人已经离我们很近了，今晚就要撤离延安，全党、全军和全国人民都关心毛主席的安全。我们希望主席早过河东，但他不同意。他不愿意在敌人打来的时候离开陕北的老百姓，一定要坚持留在陕北。你们是代表全党、全军、全国人民的意志，直接保卫毛主席安全的战士，一定要完成这个光荣的任务！”

在场的战士都异口同声地说：“是！我们一定完成首长交给的光荣任务！”

……

一场小风波之后，毛泽东、周恩来正与中午刚刚赶到王家坪的王震在毛泽东住的窑洞里，研究胡宗南占领延安之后的战略部署。此时，江青又过来告诉毛泽东说要带李讷走，周恩来不知内情，便说：“那就派一辆汽车把李讷先送去永坪镇，在那里等我们，我们到了以后再一起行动。”毛泽东见周恩来这么说了，也不好说什么了，便让阎长林去叫一辆车，并给孩子收拾好东西，让保育员李文芳带孩子先走。

当一切都准备妥当要走时，毛泽东从窑洞里大步走出来，握着李讷的小手说：“在路上要好好听阿姨的话。”然后亲了孩子一下，直到李讷的哭声渐渐地听不见了，又回到窑洞里继续和大家讨论。

中午刚过，刚刚被任命的西北野战兵团副政委习仲勋从茶坊飞马赶到王家坪。毛泽东对习仲勋说：“你这是飞马上任，担子重啊！延安，我们不守，让胡宗南把这个包袱背上。我们把几十万兵马拖在陕北，一直把他拖垮。只要一个月能消灭一个团，三年就可以收复延安。”习仲勋心领神会地频频点头。

下午2点，中共中央和西北局部分领导人在王家坪毛泽东住的窑洞内继续开会，讨论撤出延安和西北野战兵团对国民党军进攻延安的作战问题。会议刚开了不一会儿，敌机又突然飞到王家坪上空，投下了无数炸弹，瞬间将整个中央机关驻地炸得火光四起，浓烟滚滚。会议不得不移到防空洞内继续进行，洞口不时落下被炮弹炸飞的石块和黄土。

下午4点，国民党军队已逼进延安城，空气中交织着密集的枪炮声，毛泽东依然安静地在批阅文件和电报。此时，彭德怀匆匆跨进毛泽东的窑洞，几乎是大吼着说：“老毛，快走！

★ 毛泽东：好，走，走了！老彭同志啊，你好厉害呦，我执行好了。

一分钟也不要待了，敌人已经很近了。”

毛泽东却微笑着说：“不要紧，来得及，大路朝天，各走一边。他走他的，我走我的，他在那个山头我在这个山头，慌什么嘛！”

傍晚时分，延河两岸山坡上的灯火已经消失，只有王家坪毛泽东住的窑洞里还亮着灯光，大家都焦急地希望他赶紧起程。过了一会儿，彭德怀和习仲勋又来劝毛泽东马上走，毛泽东则笑着说：“好，走，走了！老彭同志啊，你好厉害哟，我执行好了。”等彭德怀和习仲勋走后，他又返回了窑洞。周恩来见状也过来要求毛泽东赶快动身，并向大家下达了今晚必须出发的命令。毛泽东说：“好吧，那就吃罢晚饭再走。敌人要来，就请他们来吧！我们把窑洞打扫干净，文件不要丢失。带不了的书籍可以留下，摆整齐，让胡宗南的兵读一点马列主义，也是有好处的。”

大家吃过晚饭，已经是 8 点了，枪声一阵紧似一阵，还夹杂着炮声。毛泽东得知群众、学校、机关等都已安全转移后，这才认真仔细地换上那件平时舍不得穿的带毛领子的棉大衣，一个伟岸的身躯迈着稳健的大步，只三五步就迈出了窑洞。这时，毛泽东又突发奇想地说：“我要看看胡宗南的兵是什么样子。”

彭德怀焦急地说：“龟儿子的兵有什么好看的！让战士们替你看吧，一分钟也不能待了！”硬是把毛泽东拉上了吉普车。

毛泽东和战友们满怀信心地踏上了转战陕北的征程。

1947 年，毛泽东和中共中央撤离延安时的延安宝塔山（历史图片）

毛泽东和中共中央转战陕北第一天

车灯关闭！喇叭关闭！电台关闭！

中共中央车队正渐渐地驶出暮色中的延安城，汽车在颠簸，心情在起伏，虽然已经看不到宝塔山了，毛泽东仍旧不时扭着身躯回望着，回望着。

不能开灯的吉普车

毛泽东、江青和警卫排长阎长林及几名警卫，同坐一辆美军观察团留下的吉普车。周恩来和他的警卫，同乘另一辆吉普车，由延安王家坪缓缓驶向暮色中的东北方，时间定格在1947年3月18日傍晚。

出发前，周恩来向警卫讲述了敌情，飞机场、柳树店、拐峁是几处最危险的关口。周恩来随后吩咐车队：车灯关闭，喇叭关闭，电台关闭。警卫战士们一直处于高度紧张的状态中。汽车过了拐峁，王震司令员向毛泽东、周恩来敬礼告别，然后跨上战马，朝着东面的甘谷驿方向奔驰而去，二纵队已经在那里隐蔽待命。

三月的陕北，天气依然寒冷，寒风夹杂着黄土迎面扑来。东南方向则弥漫着浓浓的黑烟，从远处传来隆隆的炮声，响彻了半个天空。

为了让首长少吸入一点扬起的尘土，毛泽东的生活秘书龙飞虎将毛泽东和周恩来的吉普车调到前面走。后面是载着电台、行李和警卫排的大卡车，毛岸英也在这辆车上。社会部慕丰韵科长带领着一个骑兵排，提前走在车队的最前面，以便遇到敌人时好先抵挡一阵子。队伍离延安稍远一些后，又将骑兵排调到车队的最后面，以便阻击追敌。

次日凌晨，部队到了离延安25公里远的永坪镇。汽车一停下，周恩来对负责电台的战士说："可以打开机子听听敌人讲些什么了，记下来报告给主席和我。"

很快，战士把抄好的电文送给了周恩来。周恩来看后微笑着递给了毛泽东。

毛泽东边看边说：“很好嘛！胡宗南想到延安发笔大财，结果是两手空空，什么也没捞到啊！”

“要不是有条延河，胡宗南怕是连口水也休想喝上！”周恩来说道。

胡宗南占领延安后，国民党在广播里大肆宣扬他们取得了“伟大胜利”，“俘虏”了大量“共军”，并宣扬延安的老百姓放鞭炮“欢迎国军”。其实，这些鬼话连国民党自己也不会相信。

毛泽东的队伍走出了地势较为平坦的川道，前方的山路变得崎岖难行起来，行军速度极其缓慢。吉普车稳稳地从山上驶到山下，大家定下神来，发现眼前是一处小山村，三面高山环抱，几孔黑黑的窑洞显露在渐渐明亮的天色下。这里就是延川县永坪镇刘家渠村，是中共中央和毛泽东撤离延安十余小时后，于 19 日凌晨到达的第 1 个歇脚之地。

刚刚休息了几个小时的毛泽东，得知胡宗南即日已经占领延安的消息，他面带从容地微笑，对身边的战士说：“今天敌人占领了延安，恐怕正在举杯庆祝吧，不过他们高兴得太早了，我们很快就会把延安夺回来的！”站在院子里的战士高声喊：“我们一定会胜利的！”同时，毛泽东还听到了振奋人心的好消息，参加延安保卫战的作战部队，经过 6 天的激烈战斗，歼敌 5000 余人，然后安全撤离了延安。

寻访毛泽东在刘家渠住过的窑洞

一天，我在延安市区逛街，朋友向我介绍说，当年毛泽东撤离延安那天行走的路线，今天已经无法辨认。机场一带已经建设成经济开发区，当年的飞机场，如今已是一条宽阔繁华的现代化商业街区。延安飞机场已东迁移到二十里铺，每日有航班往返北京、西安。

2018 年 4 月 18 日，任长安开着新买的白色小汽车，带着我从延安市区出发，大致沿着 1947 年毛泽东转战陕北的方向和路线，向延川县永坪镇刘家渠村方向驶去。

任长安为了能让我在陕北比较方便地进行寻访、写生，早就想买一辆新车，但是由于自身经济条件不是很好，有心无力。他把想法告诉了老伴儿李亚丽，老伴儿跟任长安说：“你的朋友从千里之外来到咱们陕北，怎么能让人家吃太多的苦头呢！既然是朋友，就要尽量照顾好！”就这样，李亚丽主动从娘家借来了买车的钱。新车已经开了许多天了，任长安一直没有告诉我这件事。昨天，听他说他的岳父已经瘫痪十几年了，老伴儿一直寸步不离地照顾。当我表示对嫂子李亚丽的敬佩时，任长安无意间说出了买车的经过。听了这一切，我再也忍不住感激之情，眼睛湿润得一塌糊涂，此时我竟一句话也说不出来。后来我提出去看望李亚丽瘫痪的父亲，再三要求之下，他俩同意了。我们到了疾病缠身的李老爷子家中。在李亚丽的搀扶下，老爷子从床上缓缓坐起来，缓了一会儿又颤颤巍巍地走到客厅坐在椅子上。我本想让老爷子躺在床上不要动，说不出话的老爷子坚持要到客厅。李亚丽说，这是老爷子激动的表现，虽然生活不能自理，也说不出话，但是心里很明白。老爷子颤动的嘴角和眼神告诉她，是贵客到了，不能失礼。此刻我也不知如何是好，情急之下，我提出要跟老爷子喝一杯，以表达对这个和善睦慈之家的敬意。李亚丽拿来一瓶老爷子收藏的红酒，打开倒了两杯。老爷子手里捏着酒杯，哆嗦着送到嘴边抿了一小口。李亚丽的母亲说，老伴儿生病之前好喝两口，自从生了病，十几年了，就再也不动酒了。

……

延安市区周边的公路平坦、宽阔，我坐在安稳的车里，心情久久难以平静。自从我踏上了寻访毛泽东转战陕北之路，陕北这片热土给我的能量足以温暖一生。

刘家渠到底在哪儿？我们都不清楚，只好开一段就停下车来向路人打听。时过境迁，离公路近的村庄变化更大，很多本地人也不见得清楚刘家渠的具体位置。车子又接近了一个村庄，看见有一位老汉抱着一个女娃娃在路边站着，我们下车询问，终于遇到了知情人。

老汉得知我们是寻找毛泽东在刘家渠住过的窑洞，他瞬间兴奋起来，一边向前指着方向，一边给我们带路。老汉在带路的同时，又掏出手机按着我的请求，联系刘家渠的村长。带路的老汉说，毛泽东旧居房东家人早就不在村里了，不过可以找到房东的邻居。老汉怀里的女娃娃看见有陌生人在前面不停地给她拍照，两只疑惑的大眼睛直勾勾地看着我。

我们在老汉的引领下，车子开进了山坡上的村子里。我从车上取下画具背在身上，按照老汉的指引向前走，不一会儿，陆续来了十几位村民。我虽然从未来过刘家渠，但与那些村民没有丝毫的生疏感，就像回到自己家一样，大伙你一言我一语地聊开了。这座刚刚还很寂静的山村，瞬间热闹了起来。

在村民的指引下，眼前出现了一孔土窑，漆黑的洞口在山坡中露出大部分的面貌。窑洞的大门和窗户已经没有了，窑口上面的石板檐子也剩得没几片了。通过仅存的几处雕花手艺，

寻访延川县刘家渠毛泽东住过的窑洞（2018 年）

足见这里住的曾是一个很富裕的人家。据村民说，毛泽东住过的窑洞是村民刘月吉家，原来是两孔窑洞，现在仅剩下毛泽东住过的这一孔了，另一孔窑在几年前，因山体滑坡给埋在了土坡里。房东家里的人早就搬走了，窑洞也就废弃了。

我在窑洞门口，踩着土堆，抓着半副门窗向窑洞里望去。这孔窑洞与以往看到的窑洞大为不同，它的纵深特别的长，从中间部位往里还有套间。村民介绍说，一般的窑洞长度大多在六七米的样子，最多不会超过十米，而这孔窑洞足足有十七八米。这么长的窑洞在农村并不多见，可能跟窑洞所处的位置有关，这个山坡正好在一个大拐角处，面积有限，只能够挖两孔窑，为了扩大使用面积，只好从窑洞内部往深了挖，这样里面就可以存放更多的粮食和其他物品了。

过了一会儿，62 岁的村长董思胜来了。我将马扎放在毛泽东旧居窑洞的坡下一个较平坦的地方，请董思胜坐下，我与他对坐。房东的邻居刘怀亮和其他村民也都聚在一起，聊起了 71 年前那些枪林弹雨的往事。

“村长您好，咱们这个村子有多少人啊？”

“以前有一两千人，现在没那么多了，留守的也就一两百人吧。”

“1947 年，毛主席来这儿时，您了解些情况吗？”

“听老辈儿人说，是 3 月 18 日后半夜到的，村里人听到狗叫声，叫了很长时间，有人就摸黑起来看看是怎么回事，只看到有很多人排着队走，能看见山上有人影，但不敢问，就悄悄地回家了，听说很多人家都醒了没有再睡着。”

“毛主席来之前，是不是有人提前来把窑洞安顿好了？”

“不是的，来了才找的。毛主席来了后，有一个叫贺清华的警卫员，因为是本地人，对这里比较熟悉，他就主动找到村长，然后又找到刘月吉家。”

说到这里，除了村长董思胜，邻居刘怀亮，其他人也都兴致勃勃地议论起来，男男女女，声音嘈杂，但我还是听懂了一些。

“当时警卫员贺清华来敲刘月吉家的门，说有首长要借住，他当时都没反应过来怎么回事，见来人说话很客气，就答应了，后来才知道借住的首长是毛主席。那时刘月吉家里有个后院，他们全家人就搬到后面去住了，将前院的窑洞腾了出来。”

“第二天早上起来一看，周围的山上都站满了警卫，村口、路口也都站了人，不让进出。毛主席走了以后，刘家分家就把毛主席住过的窑洞分给了刘月吉。前些年刘月吉去世后，他的婆姨去了延川女儿家。原先村里有个叫李树堂的老汉，他对那段往事知道得多，常给人们讲，后来也去世了，村里知道的人就没几个了。”刘怀亮说道。

我见刘怀亮插话，就顺便问他：

“您多大了？”

“86了。”

“年轻啊。”

“哎呀，不年轻了，快完蛋了。”刘怀亮的话，逗得大家直乐。

“不老，也不小。”村民乐呵呵地说道。

“您家的后生也都出去打工了吗？”

“嗯，打工着呢，有一个留在家里了。”刘怀亮指着身旁的一个二十多岁的小伙子说。

“在家干什么呢？”

“外面找不到活呢！”后生答道。

“家里有活吗？”

“家里有活，刚掏地回来，种了点洋芋。”

“你们家是跟毛主席旧居窑洞挨着的，你们跟房东是近门吗？”我问他爷俩。

“是近门，也是邻居。当年，周恩来、任弼时几个人是住在我们家的窑洞里。”

……

我一边听，一边记录，一旦我的提问迟缓一小会儿，大家就你一言我一语地说东扯西，有争论当年谁来与谁没来的；有辩论毛泽东住了一晚上还是两晚上的；有议论县里给不给修缮毛泽东住过的窑洞的；有分析窑洞挂不挂牌子的；有说平时有很多人来看毛泽东旧居的；还有谈论谁家后生娶了谁家女子做婆姨的，五花八门，好不热闹。

写生孤单的土窑洞

愉快爽朗的谈笑声，在刘家渠村渐渐地散去。我征得刘怀亮的同意，带上画具登上他家的房顶，这个位置是画毛泽东旧居再好不过的地方。

当我站在房顶上时，才意识到烈日下的北风是如此的狂躁，画架几次支起，又几次被吹倒。在这样的自然条件下，我突发奇想，从背包里找到一根布条，然后系在画架的底部，这样就可以用脚踩住布条，多少起到一些稳定的作用，左手扶着画板，右手作画。风大的时候，就双手按住画板，等风小了再画。宣纸在风中呼呼作响，潇洒如歌。

延川县刘家渠毛泽东旧居现状（2018 年）

眼前那孔孤单的大窑洞，静静地卧在厚厚的黄土高坡中，那黑黑的窑洞如同呐喊的大口，却寂寞无声。窑顶上面，枯黄中夹杂着嫩绿的草丛，在风的作用下猛烈地抖动着，呼应着远山上那棵开满白花的杜梨树，映

刘怀亮讲述毛泽东在刘家渠的往事（2018 年）

绿了周围几株着了新衣的灌木。有一只漂亮的大公鸡正悠闲自得地漫步在斜坡上，它那高昂的头有节奏地驱动着丰盈的身躯，血红的鸡冠和艳得发着蓝光的羽毛，在漆黑的窑洞衬托下，更显亮丽。

画了不一会儿，当我转身蘸墨时，发现身边多了一个暖水瓶。抬头一看，见刘怀亮和村里的几个人站在身后，静静地看我写生。他们既对野外写生感到好奇，又担心会干扰我作画，谁都不作声响。我看看暖水瓶，抬头跟刘怀亮说：

“谢谢您，我们带了水。没关系的，你们可以随意说话，不会影响我画画的，经常在外写生已经适应了。”

“你跑那么远来到我们这里，一定很辛苦呢，有什么需要你就尽管说。”

“好的好的，咱们都不客气。我还是想问问您，毛主席来的时候还有什么故事？”

“对了，我想起来了。第二天早上，毛主席让警卫员把房东叫来拉话，问他家有没有土豆，警卫员在旁边解释说，就是你们说的洋芋。房东听完就跑去后院端来一些洋芋，毛主席拿了三个，然后让警卫员递给他两毛钱。房东说啥也不要，毛主席说‘不要不行，我们有三大纪律八项注意！’”刘怀亮略加沉吟，又说道。

“你猜怎么着，毛主席走的时候，警卫员在检查的时候，发现窗台上用一块小石头压着两毛钱，他一猜就是房东回窑洞拿东西时趁人不注意又悄悄搁这里的。毛主席得知后，吩咐警卫员找到房东把钱送了去。”

“那天，胡宗南的飞机是不是追到刘家渠了？”

延川刘家渠毛泽东旧居
水墨设色纸本 / 69cmx69cm
写生地点→陕西省延安市延川县永坪镇刘家渠村
写生时间→ 2018 年 4 月 18 日

“我们村子比较隐蔽，这里山高沟深，中央部队上的几辆汽车都藏在沟里，用杂草盖着，有的汽车没盖好，被敌人的飞机发现了，就听见飞机打机关枪，打在了汽车上，挡风玻璃被打碎了。但是，敌人没有侦察到毛主席和周恩来住的窑洞，所以他们没有伤着。过了一会儿，敌人的几架飞机又来了，在天上盘旋了很长时间，还是没有发现目标，就无奈地飞走了。下午天色快黑之前，毛主席他们就离开了这里，去了清涧县的徐家沟。临走的时候，毛主席还让警卫员把房东家收拾、打扫得干干净净。毛主席他们走了以后，胡宗南的部队才追到刘家渠，连一个解放军的影子也没发现，就胡乱搜查了一阵子，又往东面追去了。”

……

大家开心地聊了很久，我的写生稿也基本完成了。刘怀亮见我收拾画具，二话没说，就先走到房顶的后面等着我。当我收拾好东西走到房顶的边沿时，见多了一块长木板搭在房顶与坡路之间。俗话说，上得容易下得难，刘怀亮的细心与热心再次温暖了我。

毛泽东和周恩来在徐家沟

夜行军，转战徐家沟

3 月 19 日傍晚，毛泽东、周恩来等人由刘家渠出发，在寒冷的夜色中，向东面的清涧县徐家沟方向而去。据当地的群众说，给毛泽东带路的村民领着队伍趁着黑夜向东走了，这样安全，敌人的飞机和部队从来不敢在晚上出来侦察和追赶解放军。

毛泽东和队伍翻越了几座黄土高坡，经过永坪镇，然后又沿着一条很狭窄的川地继续前行，大约行军 75 公里，次日凌晨平安到达清涧县徐家沟村。徐家沟村是毛泽东和中共中央转战陕北后的第 2 个驻扎地。

毛泽东和周恩来在简陋的山村窑洞里仅仅休息了三四个小时，天刚蒙蒙亮，两位首长便起来了。毛泽东穿上厚厚的棉衣，蹬上沾满泥土的棉布鞋，一边从口袋里摸着香烟，一边大步向院子里走去。站在院子里的叶子龙和阎长林见主席出来了，便上前问候，叶子龙说：

"主席，这窑洞很小，没有休息好吧？"

"刚开始出发时，倒是有些累，不过在这里睡得还是很香的哩。"毛泽东回答完又接着说：

"昨晚听到新华社的电讯稿，胡宗南一占领延安，就迫不及待地邀请中外记者乘坐三架飞机飞抵延安，国民党的中央通讯社立刻发出消息，说我毛泽东带领少数警卫人员，乘着两辆卡车，满载金银财宝向延安东北方向逃窜了。"

"真是天大的笑话，我们哪有什么金银财宝啊，蒋介石、胡

1947 年 3 月底，国民党记者团飞机飞抵延安机场（历史图片）

宗南真是好滑稽。”叶子龙和阎长林异口同声地答道。

“他们说我们人少是说对了，我们只有几十个人嘛，去向也没说错。但说我们逃窜显然是错误的。满载金银财宝，更是无稽之谈。蒋介石不断猜测中央和我毛泽东去哪里了，其实我们就在陕北。他们想要消灭中央，那是痴心妄想哩。”

沟壑丛中的山村在冷飕飕的空气中寂静无比，刚才几个人的谈笑声也渐渐淡去。毛泽东边说边将双臂用力抬起来，舒展着筋骨。毛泽东很快将一支香烟吸完，便走到警卫员早已准备好的一盆凉水面前，轻轻地将袖口挽起，捧起凉水往脸上撩，然后抓起毛巾在脸上擦了几下，又快速走回窑洞。

用过早饭后，周恩来走进毛泽东住的窑洞里，两位首长一左一右盘腿坐在炕上，商量下一步的打算。天空虽已大亮，但窑洞里依然灰暗。

得知胡宗南的部队有美国提供的可侦测电台方向的设备后，周恩来果断下令中央电台停止工作 3 天，改为人工暗号联络，同时发动群众，及时汇报敌人的一切动向。

整个上午，村民们没有觉察到什么，除了偶尔听到远处有敌机的轰鸣声，山村里如往常一样平静。

1947 年 3 月底，国民党军占领延安后的杨家岭（历史图片）

中午，中央向全党全军发出了关于撤出延安的解释工作的指示：蒋介石、胡宗南急于进攻延安，正表示国民党当前处于极端困难的情况之下，是为振奋人心并借此团结内部所采取的一种行动。我们撤离延安虽然有些损失，但中外人士和民主人士，特别在临沂、鲁中胜利之后，不会因为退出延安对我们丧失信心。而我们若能将胡宗南大部吸引在陕甘宁而加以打击消灭，这正便利于其他解放区打击和消灭敌人，恢复失地。

电文发出之后，两位首长迈着轻盈的脚步一起走出窑洞，在院子里轻松地走动着。毛泽东让警卫员喊来了叶子龙，让他陪同周恩来去通知已经到达瓦窑堡王家坪的刘少奇、朱德、任弼时和陆定一等同志于三天之内向高家硷靠拢，以便商议下一步的军事行动。

这次陕北之行，又多了两位随行者

2018 年 9 月，我又踏上了去陕北寻访的路，这次跟上了一位高知女性刘莉。几十年如一日地坚守着一种工作，一位搞科研的理工生怎么可能与我这样一个散淡惯了的美术工作者有这个机缘的呢？其实并不奇怪，画家李可染与物理学家李政道还有很深厚的友谊呢，而且李可染还以科学为题创作过美术作品。用画笔记录红色足迹，使她很好奇。于是乎，她就成了我这次去陕北的随行者。毕竟是个弱女子，我不得不考虑她的安全和吃、住、行等问题。她说从未去过偏远且条件艰苦的地区，这次是鼓足了勇气想体验一下陕北的风情。经过几天的陕北之行，她并没有表现出辛苦的状态，这一点令我很佩服。

我们坐了一天一夜的火车，次日凌晨到达延安，接我们的仍然是任长安。凌晨的延安显得格外寒冷，大家就近找了一家小饭馆，吃了碗热面，才暖和了一些。刘莉有些疲劳，但她尽量不表现出来。大家商量之后，都没有休息，直接去任长安家收拾好留在他家的画具，准备天一亮就离开延安向北出发，去榆林的几个县，寻访毛泽东转战陕北时住过的地方。

任长安的大儿子接替了他在延安卷烟厂的工作，小儿子任耀，刚从部队上退伍回来，这次去陕北，他也想跟上。我们的队伍又壮大了。

早晨，我特意向刘莉介绍了延安的特色小吃地软包子，她吃得很开心，然后悄悄告诉我说昨天是她的生日。此时，任长安已经将车停在了附近，我连忙告诉大家稍等，就向一条街上跑去，找了很久才找到一家蛋糕店，再三请求他们快点做出来一个生日蛋糕，但他们早上刚刚上班，材料还没有准备，说最快也要 1 个小时才能做好。交代好后，我又返回吃早点的地方。

我们四个人上车，又商量起行走路线。过了一会儿，任长安发动了汽车，就这样缓缓地驶出了延安城。当我们正要开上一条通往东北方向的公路时，我突然想起，订做的蛋糕还没有取。任长安二话没说，掉头就往回返，等我把蛋糕放进后备箱时，他们才知道是怎么回事。

寻访毛泽东在徐家沟住过的窑洞

9 月 27 日，我们一行四人，开车行在通往清涧县徐家沟村的路上。中途我们再次路过中央转战陕北后的第一个驻扎地延川县刘家渠。路过此地时，车子没有停留，但任长安有意地开得很慢，我扭着脖子透过车窗往路边的刘家渠村望去，上次寻访过的毛泽东旧居就在这个村子里，瞬间又勾起了回忆。善于言谈的任耀和充满好奇心的刘莉使这次寻访之路增添了很多乐趣，使我不能长时间地沉浸在思绪中。

我们已经走了九十多公里，天空渐渐下起了小雨，刘莉发出叹息声，问我们下雨天是不是就不能去山村里了。任长安说，再坏的天气也没有阻止过子木老师的寻访之路。从此时起，我们开始驶离了平坦的公路，上了蜿蜒泥泞的山村土路。颠簸了有十几公里，刚刚上了一段陡峭的山坡路，任长安自言自语地说好像走错路了，然后又往回返。一个急刹车之后极速掉头，可把刘莉给吓坏了，车轮在泥泞的路面上瞬间碾出一个大坑来，汽车东倒西歪了好几回。“太危险了！”刘莉哪经历过这种事情，双手紧紧抓住车内的把手，不停地喊着。

“不要害怕，一点问题也没有。他可是个老司机了，在延安卷烟厂开了几十年的大货车，西北几个省的道路他都熟悉，他胆大心细，技术不是一般的好。我第一次到陕北写生时坐他的车，跟你一样害怕得不行，后来我就习惯了。”我赶紧跟她解释。

“不行，不行，老任你还是慢点吧，我心脏都要蹦出来了！”

“没事的，没事的，子木老师了解我。”

“陕北山村里的路大多是泥土路，别说是下雨天，就算是好的天气，路也不好走。遇到任何突发事情，他都能应急处理，你就放心吧！”

任耀也为他爸爸的驾车技术做了一番高度评价，刘莉平静了许多，但还是掩饰不住写在脸上的焦虑。

任长安将车安全掉转回来，又向另一个斜岔路口开去。任长安说他只是大概了解徐家沟村的位置，有十多年没有路过此地了，还需要向别人打听一下。我们自从走上山村的小路，就再也没看见路人出现，何况现在还下着雨，就更难遇到人了。我们试着向一个村子靠近，一般有毛泽东旧居的地方，会在村子路口竖一块石碑，但我们沿着村子打了两个来回也没有看见。正发愁时，村子里走出来一位老汉，我赶紧下车跑过去向他打听毛泽东在徐家沟住过的窑洞。

老汉一边抬手向身后的另一个方向指去，一边告诉我说，这个村子不是徐家沟，后面那个村子才是，已经很近了。我们听到此话都欣喜起来，大家又都上车顺着老汉指引的方向寻去。车子又在山村的土路上拐了几个弯，终于找到了徐家沟村。我们顺着稍微宽阔一点的进村山路向里走，车子刚从一个高坡上往下走时，任耀突然兴奋地喊道：“看，那里有一块石碑，应该就是毛主席旧居了。”

果然，在一个很陡峭的山坡下面有一块石碑。山坡上有好多破旧的窑洞，又有许多树皮粗糙的老枣树遍布着山坡，暗红色的枣子挂满了枝头，还闪烁着为数不多金黄色的叶子，再看地上，满是散落的红枣。整个陕北，到了深秋，到处都是这样，有些辉煌，也有些凄凉。刘莉没有见过这样的景象，好奇而惊喜的神色伴着一声声惊叹，吵醒了沉静的山村。

我们走近那块石碑，仔细打量着它，上面果然刻着“徐家沟毛泽东旧居”字样。我们都以为石碑的正上方应该就是毛泽东住过的窑洞呢，都迫不及待地向上走，这时从村里走来一男一女两位中年人，或许是我们的动静，引起了他们的注意。我们正需要有村里人给指引时，人就出现了，但二人说，毛主席住过的窑洞还要再往前一点，走过一个很长的斜坡路，有一棵大槐树的地方才是。于是，任长安又将汽车往前开了一段，我们三个人则踮着脚，踩着泥水中的石块儿向前走。

经过一番周折，终于找到了徐家沟毛泽东旧居。大家重新抖擞起来，虽然雨还在下，但兴奋的心情瞬间冲淡了一身的寒意。这次我有了帮手，任耀跑前跑后帮着拎画具，刘莉则拿起相机拍照。刚才看到的那两位村民，带我们走上一个土坡，他们指着一处荒凉的院落说这就是毛主席住过的地方。我拿着红色的笔记本和一支钢笔，兴奋地走近毛泽东旧居，里里外外，任何一处都值得用心观察。这是有两孔石窑组成的小院，左边一孔就是毛泽东住过的窑洞。

我蹚着比人还高的杂草丛走近窑洞，毛泽东住过的窑洞要比右边一孔宽大一些，门窗虽然已经破损严重，仍可看出做工之精细，还能感受到当年的气派。我透过松垮的门缝和用石板堵了一半的窗户向窑洞里望去，里面实在是太黑了，我费了很大力气，才模模糊糊地看到一些杂乱的旧物。陕北早年间家家都有的大水缸、木风箱、油葫芦，以及大大小小黝黑的坛子、罐子，在厚厚的泥土中东倒西歪。窑洞内堆满了玉米秆和杂草，透过杂草还能依稀看见墙上的黑板，以及粉笔字和贴在上面的表格，看得出这里早已无人居住，成了杂物间。可想而知，长期没有人住的房子会变成什么样子，何况这里是山村的窑洞，就更易损坏。我在这处杂草丛生、灌木满院的地方寻来找去，希望能发现有价值的痕迹。

天公作美，雨竟然停了。

我回到院子外面，问两位村民，看看能不能打听到一些情况。男人叫徐煜财，51 岁，女人是他的婆姨，本村村民。

“毛主席住的窑洞是村民徐尚飞家的，房东是兄弟俩。徐尚飞去世多年了，有很多年没人住了。这里后来曾是村里的小学，现在村里的年轻人都去了城里，没有娃娃来念书了，学校也就办不下去了，荒废了。”

“那房东徐向飞的后人还在吗？村里有他们家的人吗？”

“房东的后人有的去城里了，有的在外地打工，不过他的孙子徐国旗还在村子里。”徐煜财答道。

一听到这消息，我又兴奋起来。徐煜财掏出手机，拨通了电话。电话里说的全是陕北方言，语速很快，这种情况我就一句也听不懂了。任长安见我一脸迷茫，翻译说电话打通了，房东和村支书都出村了，一会儿完事了就过来。这样，我心里的一块石头才算落了地。

在雨中抢画毛泽东旧居

在等待他们的空当里，我准备开始画这两孔破旧却不平凡的窑洞。

我仔细打量着周围环境，想找一个能坐着的地方，但这里实在是太复杂了，杂草丛生不说，还处处高低不平。最后我终于找到一个勉强能够坐的地方，是在一个半垛石墙的地方，经过雨水的冲洗之后，石墙变得异常湿滑，一不小心就会滑倒，但选来选去也只有这里能够全貌看到毛泽东旧居。

天公似乎在跟我开玩笑，我摆好架势画了不到十分钟，又下起了雨。任耀见状赶紧跑着拿来一把伞，俯着身子帮我撑着。一路上的相处，我们已经很熟了，我也不跟他客气。为了与天公抢时间，我只顾写生。雨水如透明的帘子，在我的眼前垂直落下，被雨水淋过的两孔旧窑洞显得更加浑厚，那种岁月的沧桑感也越发浓烈。

任耀为了顾全我，尽力把雨伞往我这边靠，他站也站不住，蹲也蹲不稳，后背已经湿了一大半。我拽了拽他的胳膊，让伞挡在画板的上面，宣纸是不能淋雨的，不然画稿就废了。

每次在野外写生，但凡遇到这种情况，只能是先保护好画稿。此时此刻，我也顾不上其他人去了哪里，刘莉取了伞又过来拍照，我告诫她不要靠近，周围到处是石头瓦块和被荒草隐蔽的坑。

大概画了 1 个多小时，雨又停了，我让任耀赶紧起身活动活动，我也站起来扭了扭僵硬冰凉的身躯。这时其他几个人又都边说边慢慢向这边走来，房东还没有来，我又坐下继续画。

雨后的山村清晰可见，旧居左侧的老槐树就像一位经历百年沧桑的老人，在这里守护着。再向远处望去，有一缕青烟缓缓散开，似乎闻到了炊烟的气味。

此时已是下午 3 点多了，山里人做饭跟城市里不一样，没有准确的时间，这个钟点吃饭不是中午饭就是晚饭，准确地说是下午饭。在陕北很多农村，每天只吃两顿饭，这就是传统的慢节奏生活方式。看到眼前的这一幕，虽然极富诗情画意，但腹中也敏感地呼叫起来。

我的视线再次回到眼前的两孔旧窑洞和破败不堪的院子，脑海里不时浮现出 1947 年时毛泽东和周恩来在这两孔窑洞和小院子里的身影。那是 3 底月，现在是 9 月底，虽然是一春一秋，但气温是同样的有些寒冷。那时的生活条件要比现在艰苦得多，吃饭、取暖都是严重的问题。伟人的足迹，如果不是亲身走过，你真的无法想象当年的艰苦程度。

作者在徐家沟毛泽东旧居处写生（2018 年）

脑海里有思绪，手中有画笔，让我一时忘却了身外的寒意。

草丛中有一种野草，结满了谷粒大小的种子，经过雨水的沐浴后散发出沁人心脾的浓香。我被这里的一切所陶醉，

徐家沟毛泽东旧居

水墨设色纸本 / 138cmx70cm

写生地点→陕西省榆林市清涧县下二十里铺乡徐家沟村

写生时间→ 2018 年 9 月 27 日

也被陕北的一切所痴迷，寻访伟人之足迹，既有荆棘之刺，也有野草之香。在这里，苦与乐混合成浓浓的陈酿。

不知不觉中，两个多小时过去了，《徐家沟毛泽东旧居》写生稿总算在雨中抢着画了下来，画中左边那孔清晰的窑洞就是当年毛泽东住过的地方，如今这里已经面目全非，我如实地记录并描绘了它的现状。

旧居房东和村支书来了

当我画完写生稿收拾画具时，任耀又跑过来帮忙，他告诉我说房东和村支书都来了一会了，并说爸爸告诉他在我画画的时候不要打扰我。任长安对我的了解已经形成了一种默契。

收拾好画具，我赶紧往下走，远远地向他们挥手打招呼。

任长安指着一位穿着米色上衣，内穿坎肩的中年男子介绍说，这就是房东，是老房东的孙子，叫徐国旗，今年 57 岁。然后又介绍了村支书徐树升，他也穿的是米色上衣，腋下夹着一把雨伞，今年 56 岁。两个中年男子脸上都布满了横向的皱纹，说话和面带微笑时，皱纹会更加明显。

“您是老房东徐尚飞的孙子，是吗？一听您的名字就知道跟毛主席在您家住过有关。”我首先跟房东徐国旗聊起来。房东听我如此一问，额头上的岁月感更加突出了，眼睛两边的线条成放射状，微笑使他的嘴巴微微张开，深褐色的牙齿就像这里的泥土一样浑浊。

“是哩，徐尚飞是我爷爷。我的名字就是因为跟国庆节有关，也是纪念毛主席。”徐国旗答道。

“毛主席住在您们家的事情您知道吗？当年的窑洞就是这个样子吗？你们家谁见过毛主席？”我一股脑儿地问了许多问题。

寻访 1947 年中共中央机关和毛泽东转战陕北时在清涧县徐家沟住过的地方（2018 年）

“毛主席来的时候，我们家的窑洞就是这个样子的，后来给徐家沟民办小学时，简单修了一下，门窗都还是最开始的样子，没有动过。我爷爷是哥两个，他去世得早，奶奶叫高竹英，活到八十多岁去世的，她在的时候给我们说过一些毛主席在徐家沟的事情，但是说得很少。还有我的堂叔徐有成也说过一些，对了，他见过毛主席。那时堂叔是民兵排长。有一天，他从这个院子前经过，正巧看见毛主席从窑洞里走出来，毛主席招呼他过去，一起坐在院子中的这个石碾子上拉话，毛主席问了很多村里的情况。”徐国旗指了指面前的那个石碾子继续说。

“堂叔说毛主席跟他讲：‘我们可能要走，敌人有可能要来，敌人来了，你们表面上要应付，不应付就要吃亏、挨打受气，但是心里面不要拥护。让乡亲们放心，咱们的队伍一定能回来。’毛主席从这里走了以后，堂叔也参加了解放军，参加了好多战斗，到 1952 年时复员回家。我们家里人跟我说的就是这些，其他的就是听村里人传的。”

“那毛主席走的时候，有没有给您们家留下什么值得纪念的东西？”

“留下过，听奶奶说有个小箱子给我爷爷了，因为爷爷给主席他们送吃的，主席过意不去，说也没什么好东西送的，表示个心意。”

“还真有啊！那箱子还在你家吗？”

“不在了。后来县上的人来我家问，说征集历史文物，毛主席用过的东西要上缴。奶奶不想缴，说没有了。再后来县上又来人了，家里人劝奶奶说，还是缴了吧，我就给送去了，送到县文化馆。”

“是嘛，现在再想收集点革命文物确实很难了。毛主席住的是左边的窑洞，那右边的那孔窑洞是谁住的？还有周恩来是住在哪里？”

“右边那孔窑洞很小，是灶窑，当时是毛主席的婆姨和李讷住的，两孔窑的里面是相互通着的。村里有人看见一个女娃娃在院子里玩，后来才知道那是毛主席的女儿。周恩来和叶子龙他们住在后面另一家的院子里，具体是哪孔窑洞，我也不清楚。”

毕竟是隔代的后人，就算当时的老人在，由于保密，很多情况老百姓也不清楚，徐国旗能给我说这些已是难得。徐树升有时也说一些，虽然他了解得不多，我还是抱着一丝希望问他。

徐树升讲，他当了6年的村长，现在是刚上任的村支书，他说村里有个八十多岁的老汉，知道毛主席在徐家沟的一些情况。说毛泽东是骑着一匹白马来的，来的人不多，也就二十几个人，有几名解放军在院子外面站岗，村民不能靠近，他们在这里住了三天。以前外面有人来参观，基本都是他来给说，但是现在他已经瘫了，说不了话了。这实在是一件很遗憾的事情，能够见证七十多年前历史的人，绝大多数都已经不在了，即便是在，很多也如那位老人一样，什么也说不成了。

其实，毛泽东与周恩来在徐家沟只住了两天，周恩来从这里走了以后，毛泽东身边就只有江青、贺清华、阎长林等几十名警卫员了，当然还有7岁的李讷。傍晚，毛泽东从这里离开后，转移去了清涧县高家硷村。

晚上住在村支书家过生日

我们一群人，在徐家沟毛泽东住过的窑洞旁边整整聊了一下午，寂静的山村一下子变得热闹起来。眼看天色渐暗，此时又下起了小雨，腹中饥饿感更加强烈。我们向村支书打听附近有没有吃饭的地方，他说那可远了，下雨路上也不好走，便邀请我们到他家吃饭，并且晚上住在他家。类似事情搁在往常，自然没得说，但现在要征求一下随行女士的意见，担心她吃不得这个苦，刘莉竟然爽快地同意了，这应该是好奇心的作用。

徐树升满脸微笑，领我们往他们家走。他家几年前搬离了徐家沟老村，在一公里之外的地方箍了4孔新窑，院子就在村路边上，院子没有围墙，出入方便。在陕北农村，箍新窑很少再往山坡里挖了，可以直接用石头和水泥砖盖窑洞，有的连院墙也不用垒了。现在山村里的人越来越少，也就不用担心偷盗问题了。徐树升家里养着两头黄牛，还有一辆农用三轮车。

村支书将我们让进窑洞，他没有向我们介绍他的婆姨，一位中年妇女手里正端着面盆在里面忙活着。她只是面带着微笑，也没有跟我们打招呼，像是很熟悉的亲戚一样随意。徐树升跟婆姨说了几句，就去烧水了。他婆姨则换了一个更大的面盆，添了许多面粉，一直忙个不停。

我一看，这是要压饸饹面来招待我们呢。刘莉对此很好奇，非要体验一下，于是她就学着压。两位女士忙活着做饭，我们几个男爷儿们一旁准备着桌子和凳子，凳子不够就找来替代物。窑洞里虽然光线比较暗，但充满了热闹的温度。满满一大盆热腾腾的饸饹面端上了桌子，还有几个和面吃的小菜。我把蛋糕也从车里取来，放在储存粮食的石板上，并向大家宣布，今晚要给刘莉补过生日。大家都开心地鼓起掌来，村支书又跑到另一孔窑洞，找来了保存很久的白酒。饭菜虽然简单，但也别有一番情调，生日晚餐就这样在陕北的山村里，在村支书家的窑洞里开始了。

刘莉说这是过得一次最有意义的生日。

晚饭间，我跟村支书徐树升拉话，问他平时的工作和生活。他说，这些年村里人越来越少，没有太多的事情可管理，很多年轻人都出去了，包括他的孩子。他一边跟我们聊天一边玩手机，时不时地笑出声来，原来村支书在玩快手，一种当下很时髦的视频软件，据说还有一款叫抖音。这个话题一开，大家都七嘴八舌地聊起了快手和抖音。村支书自己边笑边说，平时比较清闲，天天玩快手，天天看美女。我问他家大姐，你老汉天天看美女，你吃不吃醋啊？管不管他啊？大姐笑着说不管。看看人家这境界，还真是不一般。

大家欢乐了许久，村支书玩快手也尽了兴，他又给火炕添了柴，然后各自上炕睡觉。躺在温暖的炕上，我久久没有入睡，在清冷的山村里，田地里传来各种小虫清脆的鸣叫声，伴随着一个非常温馨的夜晚。

时间过得好快，在一年之后的2019年10月的下旬，因为好奇与情怀，首都师范大学非遗口述史专家徐建辉和陈谦老师，从北京跟我一同来到陕北，他们也要亲身体验一下毛泽东和中央转战陕北的艰辛之路。

徐家沟毛泽东旧居依然是破败不堪（2019年）

徐家沟是我的第二次寻访，而对于他俩来说则是陕北之行的首站。之前，他俩对陕北革命历史和遗迹早已心向往之，当他俩到了徐家沟，感受到了一路颠簸的寻找，看到了孤寂的山村，身在荒废的窑洞面前，触摸凋零的生活气息，目睹毛泽东住过的窑洞现状，二人再也抑制不住内心的感慨。

去年我来时，看到的是异常荒凉的一幕。此次再来，毛泽东住过的窑洞虽然仍未维修，依然如去年模样，但见地面已经把荒草清除了。大家仍是感慨万千，商量着如何把这些革命旧址修复好，但作为个人，仅凭一腔热忱显然是没有力量的，落实何其难！

毛泽东在高家砭制订青化砭战役计划

晨雾中寻访毛泽东在高家砭住过的窑洞

在徐家沟村支书徐树升家的窑洞里，我们度过了一个温暖的夜晚，次日清晨，大家陆续起床。我推开吱吱扭扭的木门，走出窑洞，眼前是一片空旷的山村景象。昨天夜里又下过一阵子雨，晨雾在淡淡青色的空气中纹丝不动，浸润着橘黄色的树丛。这里没有狗叫，没有鸡鸣，黄牛只顾咀嚼它的美味，头也不肯抬起来。山村里的一切如同琥珀一般，晶莹剔透。

大家在院子里直接撩着水龙头里的凉水，洗了把脸，然后又迅速回到暖和的窑洞里。村支书夫妇早已备好了早饭，热腾腾的杂面粥就着新鲜的小咸菜，还有甘甜的红薯，使每个人的脸上都反射着红润的光泽。

我们要告别这个开放式的山村小院了，村支书远远地跟在汽车后面，指着前面的路大声喊着：

"出了村口，一定要向左边（东）拐，路难行，慢点开！"

当年毛泽东离开徐家沟，经过张家砭、老里畔、刘家砭到了高家砭。虽然村支书徐树升告诉了我们怎么走，但是去往高家砭的路并不是想象中那样好走。泥泞的路面很少有平坦的地方，我们颠簸了四十多分钟，路上一个行人也没遇到，我们只好凭着感觉东绕西绕地向前摸索，通过手机导航也查不到高家砭村。突然，任耀大声叫了起来："前面好像有个人！"

果然，透过乳白色的雾气，见前面不远的路上有个黑影在晃动。我们将车缓缓地停在那人的身旁，那人也站住了脚。随着任长安的问询声，那人迅速转过身来。我赶紧下车打听，那人是从刘家砭村出来的，他得知我们的来历，便答应给我们带路。

我们一路与他闲聊，他叫惠治斌，58 岁，寨腰村人，他们村离我们要去的高家砭村很近，他对那里还很熟悉，愿意带我们去找高家砭村毛泽东住过的地方。

在去高家砭的路上，听惠治斌说，徐家沟和高家砭的毛泽东旧居都很破旧，村里和乡镇向县里汇报过很多次，县上也说给修，每年都说来修，但一直没修成。

惠治斌把我们带到了高家硷村，这个村子在黄土高坡的一个低洼处，中间有一条河沟将村子分割成两部分，右边是高坡，坡上的窑洞有人家住，村委会也在这边。左边是更高的坡，坡上的窑洞都是废弃的旧窑，已经没有人居住了。1947 年，毛泽东在高家硷住过的窑洞就在左边的黄土高坡上。毛泽东旧居的下方是一块平坦的场地，入口有一块石碑，上面刻着“高家硷毛泽东旧居”。

惠治斌把毛泽东旧居位置告诉我们之后，就去右边的村里帮我们寻找村干部了。

我登上一个很陡峭的土坡，两孔破旧的窑洞就出现在面前了。这两孔旧窑洞，右边的大，左边的小，格外明显，它们的右边还有两孔新窑，由高高的院墙围着；它们的左边还有一孔没了门窗的破窑，远处看就是一个大大的黑洞。

毛泽东住过的窑洞是两孔旧窑右边的那孔大窑。我确定之后，在村干部来之前，准备先带上画具往对面的山坡上去找个位置画。由于毛泽东旧居所在的位置是一个很险峻的悬崖，从窑洞到崖边不足 10 米，这里不仅危险，而且也无法取景写生。任耀帮我拎着部分画具，一起爬上了对面的山坡，这里正好面对着毛泽东旧居和背后的整座山峁，因为距离远，窑洞显得很小，但整个画面非常有气势。

早上的雾气还在山村中回荡，温暖的阳光迟迟不肯出现。我在高坡的一条山间土路上，地势陡峭，勉强能支起画架，小马扎也放不平稳，不过对我常年在外写生而言，这都不算什么。面前这么有气势的景致，有沧桑也有新绿，有层次也有内涵。

颇有苏轼诗中“横看成岭侧成峰，远近高低各不同”的意味。

毛泽东在高家硷住过的地方（2018 年）

为了能够很好地描绘这丰富的画面，我准备用一张四尺整张的宣纸来写生，而画板只有纸张的一半大小。这也不难，用磁铁先将宣纸的下半部分固定在画板上，由下而上，画一点就将纸往下移动一点。

毛泽东在高家硷住过的窑洞现状（2018 年）

东面的太阳终于露出来了，白色光芒洒满了山川大地，我的背后是高坡，大片阴影投在身上，感觉冷飕飕的。

写生画稿进行到快一半的时候，远远听到山坡下有几个人说话的声音，原来是惠治斌把高家硷的村书记找来了。此时画得正专注，但也不能让他们等着，我只好将画笔搁下，大步走下坡去。惠治斌像完成任务的战士一样，满意地向我们告别，耽误了他大半个上午的时间，我们自然是百般感谢。

高家硷村书记叫高国强，56 岁，高高的个子，穿着一身青灰色的衣褂，已经当了 6 年的村干部。他带领我们重新登上高坡，给我们介绍毛泽东旧居的情况。高国强说，毛泽东住的时候，老房东叫高玉张，是当时的村长，已经去世好多年了。毛泽东住的是右边那孔大窑，左边的小窑是做饭的地方，江青和李讷住在再往左边的另一处窑洞。

我问高国强能不能打开窑洞的门看看里面的情况，他说窑洞里面全是荒草和废旧的物件，没有任何介绍毛泽东的物件和资料。他没有门锁的钥匙。我又问他房东后人的情况。他说老房东的后人好几年前都搬到县城去住了，这里的窑洞也就废弃了。窑洞大都还是原来的样子，毛泽东住的窑洞和灶房没有修过，右边的两孔窑是后来翻修过的，看上去像新窑，围墙也是后垒的，村里曾经办公用了一段时间。实际上，当年高玉张家的窑洞就是这 4 孔，现在看着像两家。

听高国强介绍，他也是听老人们讲，毛泽东是 3 月 21 日深夜到高家硷的，住在高玉张

★ 毛泽东：摘门板一定要经过老乡的同意，走的时候一定要把门板装好，屋子打扫干净，用具要放回原处，借的东西要还回去……

的家中。当时，窑洞里是石板炕，警卫员担心石板太阴凉，就在毛泽东的炕上放了一块门板。窑里没有桌子，他们就拖过来两口缸，把擀面用的面板放上去，给毛泽东当办公桌用。

毛泽东走进窑里，一眼就看见了这个简易的“办公桌”，就跟警卫员开玩笑说：“你们的工作是越来越熟悉了，很不错嘛！”然后，他又看见了炕上的那块门板，就提醒战士说：“摘门板一定要经过老乡的同意，走的时候一定要把门板装好，屋子打扫干净，用具要放回原处，借的东西要还回去。铁的纪律是我们革命队伍的光荣传统，也是我们能够团结广大群众和打败敌人的重要条件。”

警卫员听了毛泽东的话，异口同声地说：“我们一定会按照主席的指示做好。”

我正听得入迷，高国强突然停了下来，我问怎么不说了，毛泽东后来还说了什么，是不是想不起来了。就像一杯酒被人家抢了去似的，我期待着他能继续讲述下去。沉思了片刻，高国强又开口了。

“其实，在摘门板之前，警卫员是找到房东问了，高玉张当然愿意了。”

“我想也是，当村干的还是要比一般群众机灵一些。”

“毛泽东还说：‘在战争环境里，我们接触老百姓的机会很多，一定要格外地注意群众影响。这几日，我在这里不要有动静，让群众安心生活。我们要安安静静地在这里观察敌人占领延安后的动向，为我们的下一步行动做好准备。’”

是的，我在陕北寻访中共中央和毛泽东的革命足迹，听到最多的就是毛泽东要求部队遵守群众纪律和爱护百姓的故事。

毛泽东在高家硷住了 3 天，我想应该还有一些事情没有了解到，于是我就问高国强，村里还有没有年龄大，知道一些当年事的老人。高国强说还真有一位 84 岁的高银亮老人，他住在沟对面的高坡上，现在身体还很硬朗，关键是还能说话。听到这里，我兴奋不已，赶紧让任长安陪他继续聊天，我回到对面高坡上继续画完写生稿，然后请高国强带我们去，高国强毫不犹豫地答应了。

剩下的上半部分画面，不用像刻画窑洞时那么仔细了，大刀阔斧，如书写文字一样，将山的面貌挥洒而就。两个半小时后，《高家砭毛泽东旧居》写生画稿基本完成，画稿如实描绘了现在的状况，画面中间的那孔窑洞便是毛泽东住过的地方。

干瘪的葫芦（2018 年）

八十四岁老汉话当年

我们跟着村书记高国强，走过村子中间河沟上的小桥，然后就是一段很陡峭的坡路，路很窄，只能一个人通过。高国强把挡在半路上的一根树干移开，这就是我们即将拜访的 84 岁老汉家的大门，是我见过的最简陋的防护设施。

五个人排成一队，有说有笑地往上走，最好奇的自然还是刘莉了，好奇鸡见了人不跑，好奇山羊不声不响地吃着草，好奇窑洞墙面上挂着干瘪的葫芦，好奇西红柿懒洋洋地挂在绿色藤蔓的枝梢，好奇石磨上的盆盆罐罐无拘无束地待在那里，好奇石板被打磨得又方又薄，总之看见什么都好奇。

水缸与盆盆罐罐（2018 年）

说起石板，可是清涧的一大特产呢，流传广、历史久、名气大。几乎所有的陕北人都知道这样的谚语“清涧的石板，瓦窑堡的碳，米脂的婆姨，绥

高家硷毛泽东旧居
水墨设色纸本 / 70cmx138cm
写生地点→陕西省榆林市清涧县下二十里铺乡高家硷村
写生时间→ 2018 年 9 月 28 日

德的汉。”清涧生产的石板，远近闻名，房屋、屋顶、铺路砖、墙面、灶台、炕面，甚至水缸的盖子、锅盖、案板都用石板，比用木料的地方还要多，是家家户户离不了的天然石材。

我们登上一段高坡，豁然一片开阔的平地，仍然是泥土地，面前三孔大土窑正对着上来的小路。小院没有围墙，因为地势高，周围低，视线非常开阔，空气更加清新爽朗。

一位老汉乐呵呵地从窑洞里走出来，虽然有点驼背，但面色红润，精气神十足。我们随着高银亮老汉进入他家的窑洞里，外面虽然很亮，但窑内一片漆黑。高银亮在黑色的空间里一抬手，灯亮了。微弱的灯光也只能照到巴掌大点的地方，稍远一点便看不见人影。一座纵向的大火炕几乎占了窑洞的大多半，对面有两个漆红色的箱子，上着两把锃亮的黄铜锁，在微弱的灯光下反射着金光，一下子就把大家的眼睛吸了过去。高银亮老汉说箱子有一百多年了，大家对这两个老木箱子，侃侃聊了很久。

好奇归好奇，但我对老汉更感兴趣。

高银亮老汉知道了我到访的目的，便兴致勃勃、铿锵有力地说了起来：

“毛主席是从徐家沟过来的，住在我们村，那个时候村子很小，也就二三十户人家。毛主席在的前两天没有什么动静，当时村里人都不知道发生了什么事情，只有村长知道，就是毛主席住他们家的高玉张，他当时是村长。毛主席还没来的时候，部队上就派人先到这里通知了他，他是村干部，主动把家里的窑洞让出来。第三天上午，毛主席让警卫员找来村长高玉张，跟他拉话。毛主席问他有几个儿子，他说有两个。毛主席还问了他家和村里人的生活情况。”

“毛主席都具体问了什么情况呢？”

“就是生活上的一些小事。毛主席看到高玉张家窑洞里有很多大缸，就问他缸里装的是什么，是不是粮食，高玉张说是腌的咸菜，粮食都已经藏到山里去了。毛主席听了很高兴，说这样很好，如果老百姓都把粮食藏起来，自己有吃的，胡宗南来了就饿肚子了，我们就能更好地消灭敌人。”

“当年您多大？您见过毛主席吗？”

“当年我才13岁。有一天在村子里玩，看见一个大高个子的人，在院子里走来走去，刚刚把手里的一支烟头在石碾子上捻灭，就把一个白色的搪瓷缸子端起来喝水，还看见有一个婆姨领着一个女娃娃。”高银亮说到这里突然停顿了一下，然后加重语气又说道：

毛泽东转战陕北途中用的搪瓷缸子（历史图片）

“有件事挺惊险的。一天（23日）下午，周恩来和朱德他们要先去瓦窑堡，毛主席亲自送到村口。周恩来的汽车刚走出村子不久，敌人的几架飞机突然就来了，飞机盘旋在天上嗡嗡地叫，但是没有扔炸弹，也没有开枪，敌人知道毛主席他们在这一带，但就是不知道具体在哪个村子。阎长林他们感觉到这里很不安全，就请求毛主席转移到更为隐蔽的子长县任家山去，而且那里早有部队上的人提前去侦察和安排好了。毛主席听了阎长林的意见，第二天（24日）下午就离开了我们村，走的时候毛主席骑的是一匹白马，等他们走了以后，村里人才知道是毛主席。”

高银亮老汉虽已高寿，但思维还很灵敏，条理清晰，说起毛泽东，总是意犹未尽。

“1976年毛主席去世，村里在高玉张家下面的大空场地开了追悼会，那时我们村的人口比现在还多，全村的人都到了，乡政府也来了人，满村子哭成一片。毛主席去世后，全村里人都怀念他，现在想起来都还很伤心呢。在农村合作化的时候，我就当了村书记，一当就是35年。后来我还专门去了北京毛主席纪念堂，看望他老人家。”

……

据汪东兴、阎长林等人回忆：中共中央和毛泽东于1947年3月21日深夜到达高家硷，随后，周恩来、刘少奇、朱德、任弼时、陆定一等人从瓦窑堡赶来一起研究全国的战争形势，

并密切关注胡宗南占领延安后的动向。毛泽东料定敌人占领延安后一定会急于寻找我西北野战军主力决战，必定会分路向中央转移的方向追击，青化砭则是延安至榆林的咽喉，地形复杂险要，非常有利于隐藏我军并消灭敌人。

毛泽东与各中央首长在高家硷住的窑洞里，临时召开了一个小型会议，通过对全国战争形势的分析，以及胡宗南占领延安后会有怎样的动向，判断胡宗南必定会随着中共中央的行动路线紧紧追赶。青化砭是由延安通往榆林的必经之地，此地地形复杂险要，是伏击胡宗南部队的绝好地点，因此，毛泽东等首长制订了战斗计划，由彭德怀、习仲勋部署和指挥青化砭战役的准备工作。

……

临走时，为了表示对高银亮的感谢，我特意送给他一枚“窑洞红光”纪念徽章，留作纪念。高银亮高兴地将徽章别在衣服上，很是开心。我刚要转身走出窑洞，高银亮一把拉住我，我不知是什么意思，就站在了那里。他从口袋里摸出一串钥匙，然后打开了那只红色的木箱子，将手臂伸进箱子里摸了一通，拿出一个金光灿灿的东西。高银亮说他家有两个，传了几代人了，算算也应该是清代的了，要送给我一个。我将此物拿在手里端详着，造型比较简单，也没什么雕刻的花纹，只看出是黄铜做的，然后还给了他。高国强说这是提鞋用的，陕北人管它叫鞋溜子。高银亮见我不要，他说我送了他东西，也要送我东西，这是礼数，家里没有什么好东西。见此情况，我只好收下，他乐呵呵

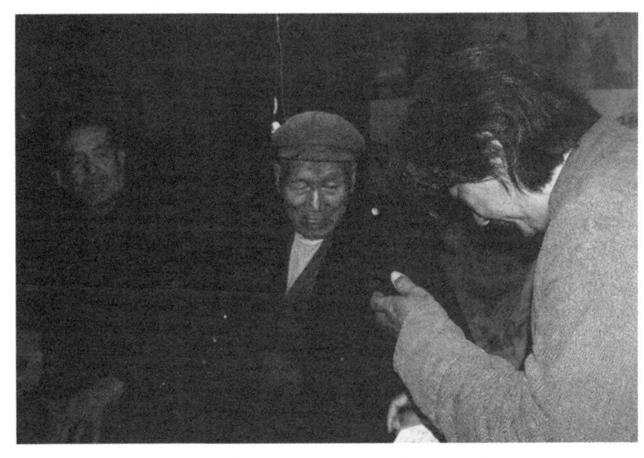
听高银亮（中）老汉讲述毛泽东在高家硷的故事（2018 年）

地将我们送出窑洞，又送到院子外面，我们依依不舍地挥手告别。

高银亮的老伴儿去世多年了，有 4 个孩子，都在城里工作。儿女们想让他去城里享福，但他不去，说离不开家，虽然自称已经人老不中用了，但仍然能种地、种菜、养鸡、放羊、拾柴、做饭、用手机，还经常骑自行车去乡里的集市逛逛，关键是还能讲故事给别人听。

中午，我们离开了清涧县下二十里铺乡高家硷村，告别了毛泽东和中共中央转战陕北后驻扎的第 3 处窑洞。

转战陕北第一战——青化砭战役

在青化砭设下伏击圈

胡宗南的部队占领延安后，气焰更加嚣张，便急于寻找西北野战军主力决战。

3 月 21 日，胡宗南以整编第 1 军的整编第 1、第 90 师共 5 个旅的兵力由延安向安塞方向疾进，企图围歼西北野战军主力于安塞东北地区。23 日，胡宗南为了保障其主力侧翼安全，命令整编第 27 师的第 31 旅由临真镇向青化砭方向疾进。

毛泽东、周恩来、彭德怀等早在撤离延安之前就进行了精心周密的部署与准备。

胡宗南的一举一动，尽在毛泽东的预料之中。从离开延安的那一刻起，毛泽东一直筹划打好转战陕北第一仗。在徐家沟、高家硷、任家山、王家坪的窑洞里，毛泽东和周恩来都是第一时间将文件、电报和地图铺在桌子或土炕上，对青化砭战役进行细心研究与商讨。23 日，中共中央和毛泽东批准了彭德怀、习仲勋 22 日提出的关于围歼胡宗南部第 31 旅的部署。西北野战军即调第 1 纵队、第 2 纵队、教导旅及新编第 4 旅等部，以敌军整编第 27 师的第 31 旅为歼击目标，在青化砭一带，利用公路两侧的山地，隐蔽设下了口袋形状的伏击圈。彭德怀、习仲勋遵照中央部署，将指挥所设在梁村，实地勘查了青化砭石绵羊沟及白坪一带地形，并亲临前沿阵地观察、部署。24 日深夜，在任家山窑洞的微弱灯光下，毛泽东正在仔细观看军事地图，图上的红色箭头就像巨大的钳子，从各个方向汇集到同一个方向——青化砭。当夜从王家坪赶过来的周恩来自言自语道："胡宗南的 31 旅莫非不进我们的口袋？"

毛泽东抬起头，看着正在沉思的周恩来，信心满满地说："只要没有暴露目标，一定会进的！胡宗南不是说我们已经成了'流寇'了吗，那他还有不进的道理！"

果不出毛泽东所料，次日清晨，敌军陆续进入西北野战军设伏的口袋里。此时，在延安的胡宗南正同机要秘书熊向晖到枣园、杨家岭、王家坪参观中共中央领导人住过的窑洞。在毛泽东住过的窑洞里，他发现桌子上有一张纸条，上写：胡宗南到延安，势成骑虎，进又不能进，退又退不得。奈何！奈何！胡宗南看后冷笑，但他万万没有想到的是即将到来的青化砭战役的惨败。

1947 年 3 月 24 日，彭德怀（左二）、习仲勋（左三）、张文舟（左四）、余立清（左一）在青化砭阵地上（历史图片）

25 日上午，敌军第 31 旅沿咸榆公路北进，当进入青化砭伏击圈时，西北野战军立即打响了“拦头斩尾，两翼夹击”的歼灭战。瞬间，山中的火光与浓烟裹挟着密集的枪炮声，冲向青化砭上空。当日，彭德怀、习仲勋向中央军委报告，经过 1 小时 40 分钟的激战，将敌 31 旅（无 91 团）共 2900 余人全部歼灭，旅长李纪云被俘。这次战斗时间短，子弹消耗少，缴获多。

战斗结束后，参战部队迅速打扫战场，很快消失在黄土高原的群山之中。青化砭战役是典型的运动战，是中共中央撤出延安后，西北野战军打的第一个大胜仗，此役沉重打击了胡宗南的气焰，极大提升了陕北解放区军民的斗志和信心。

寻踪青化砭战役旧址

2018 年 4 月 13 日下午，我们在延安市宝塔区文联的高建伟的带领下，从延安市区出发，踏上了寻踪青化砭战役旧址的征程。接连两日的大雨天气，给寻访增加了许多周折。我正在车里欣赏路两边的高原风情时，突然听到一声撞击，任长安立即将车子停下，车上的人都因车子的突然刹车，心脏咯噔咯噔地跳个不停。大家赶紧下车查看，原来有一辆汽车撞上了我们的车。任长安按捺不住焦急的情绪，连连叹气。是啊，刚买的新车就被撞了，我的心里也充满气愤与内疚。任长安不仅是心疼汽车，更担心耽误我的行程。我一再安慰他不要着急，先处理车的问题，改日再去寻访也不迟。经过一番交涉，与肇事者商定，等我们寻访活动结束后，再联系他去修车，就这样彼此留下电话，各自而去。

在延安市的东北方向，行程约 40 公里，我们在 205 省道的一个大山口停了下来，路的东侧就是青化砭战役旧址。我们缓缓走上一个斜坡，在郁郁葱葱的柏树林中，一个寂静的院落中央立着一座挺拔的石碑——青化砭战役烈士纪念碑。雄伟的高山与初绿的植被环抱着这块寂静的地方，守候着那些将热血洒在这里的革命烈士。

等了二十多分钟，烈士陵园的管理员薛李清老汉来了。他今年 65 岁，是青化砭镇白坪村人，是陵园的守墓人，已经在这里守护了很多年。烈士陵园是由青化砭镇白坪村无偿捐出土地所建，修建时他是主要的劳动者之一。虽然每年只能领到微薄的工资，但他依然坚持维护和照看着陵园。薛李清声音沙哑，满脸深深的皱纹。他那粗糙的双手和棕黑色的皮肤，似乎有讲不完的故事。他指着烈士陵园和高山说："战斗从打响到结束用了很短的时间，解放军伤亡两百多人，打扫战场时，担心胡宗南追击，根本来不及仔细辨认死亡战士的身份，包括敌人的尸体，有两三千人，都草草地就地掩埋了。（20 世纪）70 年代开荒的时候，老百姓挖出来很多东西，有枪支、手榴弹，还有人骨等。埋在这里的烈士中，还有 5 个人没有档案，3 个人没有名字。"

后来，薛李清说他的父亲薛九旭亲眼目睹了那场战斗，确定烈士陵园背后的高崖石砭山就是青化砭战役的主战场。

我了解了青化砭战役的情况之后，就在烈士陵园的公路对面一条大沟的边沿上，支起画架，将这处表面上已经看不到战斗痕迹的战役旧址描绘了下来。

青化砭战役旧址今貌

水墨设色纸本 / 39cmx65cm

写生地点→陕西省延安市宝塔区青化砭镇

写生时间→2018 年 4 月 13 日

毛泽东在任家山和王家坪做出最后决定

毛泽东在这里为刘胡兰挥笔写下：生的伟大，死的光荣！

中共中央到底是继续留在陕北？还是东渡黄河去山西？不同意见和分歧在这里继续展开，经过连日多次会议讨论，毛泽东做出最后决定……

中共中央转战到任家山和王家坪

3月24日下午，毛泽东等人离开了清涧县高家硷村，沿着延秀河向西行军，途经十里铺、赤主沟后，在清涧县城的岔口向西走，又经过牛家湾、马家砭、杨家园子、王家坪、王家沟等村，一夜马不停蹄，人未歇脚，蜿蜒行军58.5公里，当日深夜来到瓦窑堡东北方向的一个偏僻荒寂的山沟。在夜色中，这支只有几十人的小队伍，走进了一条崎岖的深沟，沟里有三个相连的村子。他们则住进了最深处的任家山村，这是中共中央转战陕北后，毛泽东住下的第4处窑洞。

任家山四周是连绵不断的高山，一条深沟在山中盘绕，就像潜在江河中的巨龙。此时，毛泽东在陕北已经战斗、生活了12年，对陕北的山川地貌了如指掌，对行军路线和驻扎营地的选择，也是胸有成竹。任家山是隐蔽性极好的安全之地。当晚，毛泽东在狭小而灰暗的土窑洞里一直工作到凌晨。经过认真研究，毛泽东对青化砭战役进行了最后的部署，在期待中度过了第一个晚上。

毛泽东在转战陕北途中使用的电话机

据警卫排长阎长林回忆：3月25日，大家刚吃过早饭，就听见正南方有枪炮声激烈地响起，轰轰隆隆一片，就像闹了大地震。不到一个钟头，又沉寂了下来。过了晌午，叶子龙将一份电报送到毛泽东手中，毛泽东看罢，十分高兴，他把电报交还给叶子龙说："子龙，快让大家都看看，可喜可贺！可喜可贺！"

叶子龙兴高采烈地将青化砭战役的捷报告诉了大家。很快，新华社草拟的新闻稿就送过来了。毛泽东迅速拿起毛笔，在稿子上稍微修改了一下，除非是长期在其身边的工作人员，熟悉他的狂草书体，没几个人能看懂毛式"药方"。叶子龙拿着毛泽东的修改稿，派人抄写清楚，交由新华社播发。

……

任家山的深沟足够深

2018年4月18日中午，我们一行三人，离开延川刘家渠之后，一路向子长县方向前进。行驶二十多公里后，在一个小镇歇脚，天气热得口渴，我们停下来喝水，然后每人简单吃了一碗羊杂面，继续向西北方向赶路。

马不停蹄又走了一个多小时，终于到达子长县。县城是一个东西狭长的小山城，两面是高山，发源于西部的秀延河、涧峪岔河弯曲蛇行，横穿县境中部和北部，这座山水相依的山城，景色秀丽。

子长县原名安定县，1942年为纪念民族英雄谢子长而改名。令子长人骄傲的有两件事：一是1935年中共中央在这里召开了著名的瓦窑堡会议，子长县因此被称为"红都"；二是在这片土地上诞生了谢子长、闫红彦、贺晋年、贺吉祥、高维嵩、李赤然、陈克功、贺毅等诸多将军，因此子长县又被称为"将军县"。用时尚的话讲，子长人的幸福指数非常高，在他们的身上透着一股子自豪的精气神。

由于县城面积狭小，街道较窄，大多是单行道。初来乍到的我们，不熟路况，绕了很久才找到县文联，在一条繁华的小商业街道上，一座小楼坐落在马路边的小院子里。我们将车子停在附近的一个很考验车技的停车场，然后在文联的楼下等待提前联系好的工作人员。

下午两点，我们见到了县文联的王明如主席。他在办公室接待了我们，并热情介绍了子长县的历史文化、民间艺术和红色景点。其实，瓦窑堡会议旧址与县文联同在一条街上，相隔仅百余米。

我建议，先去寻找1947年毛泽东在任家山住过的窑洞，然后再回来参观瓦窑堡会议旧址。王明如安排好自己的工作，立即同车带我们去寻找任家山。据王明如介绍，任家山距离县城很远，在一条崎岖的深沟里。他几年前去过，但路线已经记不太清楚了，于是他联系了任家山村所属的杨家园则镇上的人，到时给我们带路。

我们从子长县城一路向东，行驶了二十多公里，在公路边停了下来。不一会儿从杨家园则公路巡逻中队驻地院子里开出来一辆越野车，车里有几个人，打过招呼之后，两辆车一同驶向任家山。前面带路的车子走过一段大路后就向北面方向开上了一条颠簸的山村土路，顺着一条通往深处的山沟行驶。两辆白色的汽车在黄土飞扬中，时而快，时而慢，时而左转，时而右转，时而跃起，时而落下，时而隐藏，时而显现，就像两条白龙在黄河里翻滚。

这个场景，总能让人想象起当年毛泽东率领队伍进驻任家山的画面。

我们坐在颠簸的汽车里，就像体验海盗船一样，滋味难言，但是山沟两面的群山，却是一道特别的景致。每隔一段路程便有依山的小村隐现，高坡上的梯田呈现出柔和的线条，在初春的嫩绿中，平添一些画意与浪漫。

听他们介绍，沟外那个村子是好坪沟，是新华社广播电台所在地。一进沟看到的村子是王家坪村，毛泽东来到这里时，中央警卫团手枪连就驻扎在这个村子里。3月12日，朱德、刘少奇、任弼时、叶剑英率中共中央一部分人员离开延安后住在了这里，3月23日，周恩来离开高家硷后也到这里会合。再往前是王家沟村，最里面的就是任家山村，是毛泽东住的地方。

足足颠簸了三十多分钟，我们终于开进了沟的最深处，前面没有路了。白色的车已经变成黄土车，缓缓停在了一条河沟中，周边偶见一丝水洼和绿草。果然是妙在深处啊，河沟的一面高山坡上，东一处、西一处地散落着许多窑洞。这里几乎没有人居住了，大多窑洞都已废弃。这里的黄土高坡，造型奇特，有的山峰就像山洞里的钟乳石，挺拔高耸。有的则平缓开阔，如高尔夫球场。破败的窑洞，沧桑的山坡，还有枯萎了的老树，它们交融在一起，如同楼兰古国遗迹一般。我见到的任家山就是这样的面貌。按照村民指引的方向，我们兴奋地向山坡上攀登。我早就有些迫不及待了，恨不得赶紧看到具有传奇色彩的毛泽东住过的土窑洞。

毛泽东在这里为刘胡兰题词："生的伟大，死的光荣"

顾不上一路颠簸，大家兴冲冲地登上一段"之"字形山坡，在几级石阶之上，是一块很小的平坦地面，有一个老石碾静静地"盘坐"在那里。在紧贴着一面陡峭的山坡下面，就是毛泽东和江青住过的窑洞，这两孔形态扭曲了的土窑，就像天然的山洞，只不过装了木门窗罢了，而且已是破旧不堪，墙面也只是用掺了草的黄泥简单粗糙地处理了一下。在两孔窑洞之间有一块红色的牌子，上面写着"毛泽东旧居"字样，颜色几乎褪尽。

任家山毛泽东旧居现状（2018 年）

63 岁的本村村民黄树华介绍说，右边那孔窑洞是毛泽东住过的，左边那孔是江青和李讷住过的窑洞。在两孔窑洞的左边还有一孔小窑，曾是羊圈。看着现在的窑洞很破旧，其实这还是近年修过的，前几年更是破烂，门窗都是掉下来的。毛泽东从 3 月 24 日入住到 28 日离开，一共住了 4 天，在这里，毛泽东继续指挥青化砭战役，还为刘胡兰题了词。我一边听着介绍，一边随着大家挤进狭小而灰暗的土窑洞里。窑洞不仅外面不规则，里面更是没有一块平整的地方。人多自然就会热闹起来，你一言我一语地聊起来，说的全是毛泽东在任家山、王家坪的往事。

1947 年 2 月 5 日，《晋绥日报》刊登了新华社《刽子手阎锡山大肆屠杀文水人民》的文章，次日，又刊登了关于刘胡兰英勇就义的翔实报道，同时发表评论文章，谴责阎锡山的罪行，号召全国人民、全体共产党员向刘胡兰同志学习，为争取祖国的独立、和平、民主而奋斗。

不久，延安各界慰问团到山西慰问王震纵队和陈赓纵队，在文水县活动期间，从报纸上看到刘胡兰英勇就义的消息，十分震惊，当即向吕梁区党委了解了刘胡兰被捕就义详情，并派缪海棱和白凌云两位慰问团成员到云周西村深入了解。他们不仅在云周西村了解到刘胡兰生前是位优秀的预备党员，而且还辗转找到了当时被阎锡山胁迫参与行刑铡杀刘胡兰的两个人，此二人提供了刘胡兰就义最后时刻的情况。

当时刘胡兰对敌人说：“只要有一口气活着，就要为人民干到底！”接着，气急败坏的敌人当着她的面将逮捕的 6 个农民铡死，企图以此威慑刘胡兰，但她面不改色，并痛斥敌人，最后从容地躺在了敌人的铡刀之下。了解到刘胡兰烈士英勇就义的详情后，慰问团又让白凌云等人前往云周西村慰问了刘胡兰的父母。同时表示，积极支持吕梁地区党委将刘胡兰作为人民英雄来纪念的决定，还应将刘胡兰作为在党内进行气节教育的榜样。在慰问团完成任务后，副团长张仲实即于 3 月中旬回到子长县东吴家寨子，向任弼时汇报了慰问团的活动经过和刘胡兰的英勇就义情况，以及吕梁区党委请求党中央为刘胡兰烈士题词的意见。张仲实说，最好请毛主席写个匾，或题几个字。任弼时答应将其意见转报给毛泽东。

3 月 25 日，毛泽东从任家山去王家坪开会，在听取任弼时的转报后，心情异常沉重。

他几次拿起烟夹在手中，却迟迟没有点燃，大步走出窑洞，站在院子的石碾子旁边，举首凝望着山西的方向，一言不发。然后急步回到窑洞，在一张稿纸上激动地挥笔写下“生的伟大，死的光荣”八个大字。同年，中共中央晋绥分局于8月1日做出了追认刘胡兰烈士为中国共产党正式党员的决定。吕梁地委为了加强党的阶级教育，通知各级党组织，将有关刘胡兰同志的英雄事迹印成册子，作为党组织的学习材料，号召全体党员学习刘胡兰的革命精神，为无产阶级革命事业英勇奋斗。

3月26日，青化砭战役取得胜利后，毛泽东在任家山以中共中央军委的名义起草电文给彭德怀、习仲勋：彭、习，（一）庆祝你们歼灭31旅主力之胜利，此战意义甚大，望对全体指战员传令嘉奖；（二）135旅可能向青化砭方向寻找31旅，望准备打第二仗；（三）毛于昨日已与中央各同志会合。

3月27日，毛泽东复电彭德怀：宥（昨日）电悉。积极歼敌方针极为正确，部署亦妥，已令陈、谢积极动作。现在不怕胡宗南北进，只怕他不北进，故陈（赓）、谢（富治）迟几天行动未为不利。傅作义的101师等部向晋西北进攻，左云失守。阎锡山攻占孝义、兑九峪，有向中阳、石楼出扰之可能。数月内贺（龙）、李（井泉）处局面将较紧。但只要陕北及陈、谢在南线胜利，即有办法对付阎锡山、傅作义。

在任家山、王家沟和王家坪三个村子之间，毛泽东、周恩来、朱德、刘少奇、任弼时、叶剑英等中央领导频繁往来，经过几次会议的讨论，重点分析了当前局势和党中央要不要留在陕北的问题。

中央自转战陕北以来，胡宗南部队步步紧逼，而在山东战场，蒋介石又增派了重兵。蒋介石的战略意图很明显，就是要尽可能地将中共首脑在陕北消灭，给共产党和山东解放军造成重创，即便不能消灭，也要把中央赶到黄河以东，缩小包围圈，给共产党造成压力。经分析研究，中央对蒋介石的意图一清二楚。毛泽东坚持和中央前委留在陕北，绝不过黄河，要在群众基础好的黄土高原上，同陕北军民并肩战斗，把胡宗南的部队拖在陕北的人民战争中。

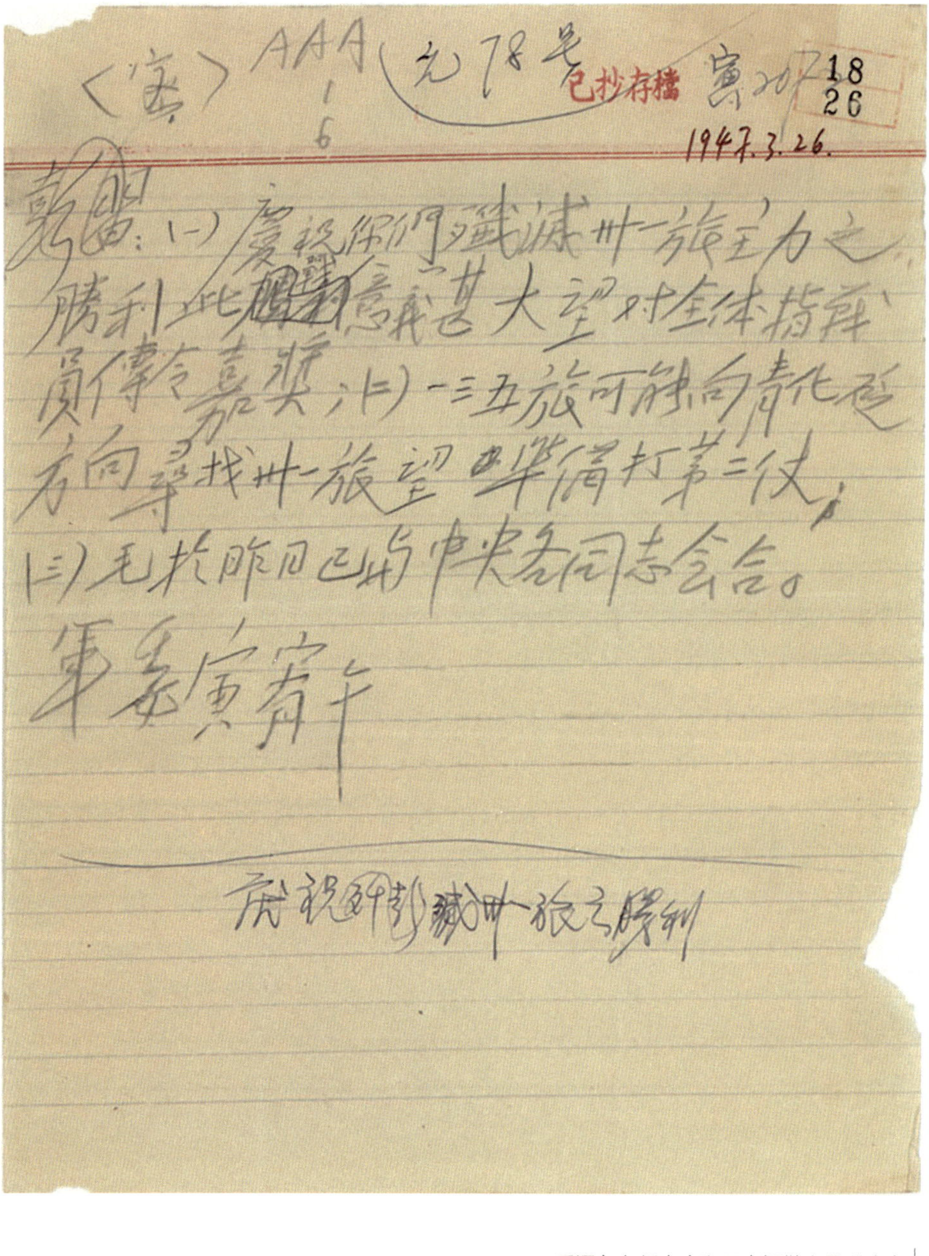

（密） AAA 16 元78号 已抄存档 寅207 18 26

1947.3.26.

彭习：（一）庆祝你们歼灭卅一旅主力之胜利，此战意义甚大，望对全体指战员传令嘉奖；（二）一三五旅可能向青化砭方向寻找卅一旅，望准备打第二仗；（三）毛于昨日已与中央各同志会合。

军委寅宥午

庆祝歼灭卅一旅之胜利

1947年3月26日，毛泽东起草发给彭德怀、习仲勋的电文手稿（历史资料）

在陕北，敌众我寡，多数领导仍然担心中央留在陕北太危险，尤其是任弼时，他提议毛泽东和党中央全部过黄河去山西，那里更安全。中央领导产生了不同意见。中央领导经过几次会议商讨，最终同意了毛泽东的意见。中央于3月28日在王家坪最后决定：中共中央留在陕北。周恩来由王家坪去晋西北布置工作，帮助处理先期到达那里的大队人马安全转移问题。

当日晚上，毛泽东、朱德、刘少奇、任弼时和中共中央离开任家山、王家坪，于次日凌晨到达清涧县石咀驿附近的枣林则沟村。

画下毛泽东在任家山住过的窑洞

窑洞内的空间实在狭小，我叫上村民黄树华老汉，一起坐到小院子的石碾子上，这里视野开阔，继续向他了解一些往事。我开门见山地问黄树华：

“毛主席住的窑洞房东是谁？”

“房东叫马宗旺，去世很多年了。”

“那他们家后人还在村里吗？”

“不在了，搬走十来年了，有的去了延安，有的去了子长。”

“你们家在哪里，离这里近吗？”

“我们家原来就在这旁边，现在住到前面村头去了。”

“毛主席来的时候，住的窑洞就是这样的吗？”

听村民黄树华讲述1947年毛泽东住任家山的往事（2018年）

“基本是这样的，那时更破一些，旁边还有两个窑洞来着，后来塌了，没了。毛主席和江青住的两孔窑洞是马家的，旁边紧挨着的两孔是黄家的。”

“当年毛主席来的时候大概什么情况？村里的老人是怎么说的？”

“毛主席来的时候，村里的人都睡下了，当天晚上有人来通知马宗旺把窑洞腾出来。在周围高山上，有很多警卫站岗。其实，在毛主席过来之前，这里就加强了安全警戒，地方上的民兵武装提前开了会，说中央和首长要在瓦窑堡的王家坪一代驻扎。”黄树华指着周围的高山继续说道。

“当时毛主席来的时候，村里人知道是他吗？”

“当时不知道，毛主席走了以后，村里人才知道的。毛主席走的时候，还给房东留下了一顶帽子。”

“那他们家还有这顶帽子吗？”

“听说因为收集文物，后来上面来人给收走了。”

……

黄树华毕竟没有经历过那段历史，估计也就能说这些了。谢过之后，我跑到山下取来画具，坐在下一层窑洞的房顶上，开始写生。这家也是早已人去窑空，房顶上满是杂草，只有残存的烟囱告诉人们，这下面是窑洞。大风时时侵扰，吹得宣纸呼呼作响。王明如一会儿过来看我写生，一会儿又回到窑洞口与大家继续聊任家山的往事与今情。用了两个多小时，我基本完成了写生稿，真实记录了毛泽东在任家山住过的窑洞现状。

作者在任家山毛泽东旧居处写生（2018 年）

子长任家山毛泽东旧居
水墨设色纸本 / 69cmx69cm
写生地点→陕西省延安市子长县任家山村
写生时间→ 2018 年 4 月 18 日

我收拾好画具和大家走下山坡，正要离开这条深沟时，突然听见山坡上传来狗叫声。我感觉这个山村里还有人家，就叫上王明如一起去看个究竟。爬上一段陡峭的山坡，狗叫声越来越近，还有几只鸡突然从上面的院子里四处跑去，院子的周围种了几种蔬菜，长得正旺。当我们走进院子时，从窑洞里走出来一位大娘，笑呵呵地与我们打着招呼。本想从大娘这里再了解一些有关毛泽东在任家山的事情，但她说她是从别的村嫁过来的，对那时的事情不太清楚。我以为这个村子里就只有她一个人了，就问：

"大娘，您怎么不去城市里跟孩子一起生活？一个人在村里不害怕吗？"

"在农村生活习惯了，不想去城里给孩子们添麻烦。在毛主席住过的窑洞周围，原来有几十户人家，现在除了我，村里还有一个老太太呢。我俩天天见面说话，再说还有狗啊鸡啊做伴儿，不会怕的。"

"是啊，老人总是更多地为孩子考虑。"

……

此时已过中午，我们告别了留守在村子里的老大娘，依依不舍地离开了任家山，但总觉得还有很多往事没了解到。

大家以为就此离开任家山了，可以回到瓦窑堡喂早已咕咕叫的肚子了，但我还是想趁着这次机会去看一看中央在王家坪开会的地方，虽然毛泽东没有在那里住宿，但是那几次会议对于之后的战争形势，甚至中国的未来都有特别的意义。有人先走了，王明如和我们几个则一同前往。我们从沟底往外走，在一个岔路口进了王家坪村。王家坪村和任家山长得很相似，只是方位不同。周恩来、朱德等首长住的地方是齐明亮家的窑洞，窑洞虽多，院子虽大，这里依然是一番破败景象。村里人说，房东家也没人在村里了。其实，这种情况已成普遍，别说是窑洞了，能够见证那段历史的人也是凤毛麟角了。

毛泽东在这里为刘胡兰烈士题词，在这里开会，李讷在这里的石碾子上玩耍……这些陈年往事，在它的发生地也没多少人记得了，随着岁月的流逝，随着窑洞的坍塌，都会是怎样呢？

……

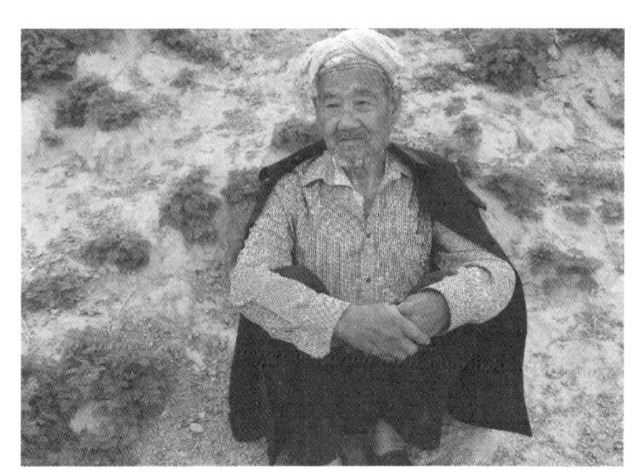

杨万年回忆毛泽东在任家山、王家坪的往事（2018 年）

在陕北寻访途中，幸运之星总是很眷顾我。

在我们出了王家坪村口不远的地方，见路边正缓慢走来一位看上去岁数更大一些的老汉，头上扎着白毛巾，心想这不就是典型的陕北老汉吗！大家在车里似乎是异口同声地说："这个老汉肯定超过八十了，快停车，快停车！"车子迅速停靠路边，大家迅速将老汉围了起来。这种意外的惊喜，在寻访中大家形成了默契的共识。要想听到七十多年前的往事，并且是亲历者口述的，只有遇到七八十岁以上的老人才有可能。这些老寿星在我眼里就是"活化石"，是宝贝。

老汉见突然围上来好几个人，似乎有些猝不及防，神色略显紧张。王明如赶紧跟他说明缘由，老汉才慢慢平静下来，但始终没有露出喜悦的表情，或许他老人家另有心事吧。我拉着老汉的手，请他坐到路边的土坡上，稍作镇静，便向他请教村里的往事。老人家岁数大，说的又是地道的陕北乡村方言，我基本上听不懂，王明如就一字一句地为我俩做翻译。

据老汉介绍，他叫杨万年，今年 82 岁，任家山村民。村里有黄、马、杨、王、米五个姓氏。杨万年回忆说："那年，中央提前派人来看过这个地方。过了几天的一个夜里，我从远处看见一个个头很高的人，骑着白马过来了。"

在任家山的几天里，他每天下午领着一个女娃娃（李讷）在山坡上或树林里散步。女娃娃李讷特别活泼，有时其他人也带着她玩。毛岸英也来了，他住的地方离毛主席住的窑洞不远，是一孔很小的土窑，本来是放柴草用的。那个时候家家户户都很穷，几乎没有好窑洞，只能将就着住。听说毛岸英在任家山看见村里有婆姨在纺线，他也跟着学，纺得还很好呢。警卫员把这事告诉了毛主席，主席听了特别高兴，还鼓励他要多向人民群众学技术。小李讷看见爸爸表扬了大哥哥，也要跟着哥哥去学纺线。毛主席他们在任家山住的时间短，小李讷没来得及去学纺线，在离开的路上还闹情绪呢。因为我们农村只有婆姨和女娃们才纺线的，村里人知道有个男人学纺线都感到很好奇，所以这事很快就传遍了。……夜里，毛主席从这里刚刚走，胡宗南的部队就追来了。”

杨万年慢悠悠地回忆着能够记起的往事，过了一会儿停了下来，似乎再也想不起什么了。我正要准备谢别杨老汉，他突然又说：

“1976 年，毛主席逝世，那些天，我们村里在任家山他住过的窑洞前举行了追悼会，村子里站满了人，摆了很多花圈，所有的人都哭了。到现在，我们这里的人都还念着毛主席的好呢！”

我很想跟杨万年老汉多待会儿，感受一些他身上的朴素气息，可惜天色已晚，只得向他告别，迅速返回子长县。在县城里还有一位老汉，在等待我们的到来。

党中央在枣林则沟兵分三路

从任家山、王家坪到枣林则沟会议

又是一个冰冷的夜晚，毛泽东、朱德、刘少奇、任弼时等人走出任家山和王家坪的深沟，趁着微弱的月光向东前行。途经杨家园子、马家砭、折家坪、王家崖、百家茆、牛家沟后，又向北行军，经过几个村庄，行程69.5公里，于3月29日凌晨到达清涧县枣林则沟村。

毛泽东等首长入住农家窑洞，休息了几个小时。次日天刚刚亮，毛泽东便起来做会议准备，忙碌了一整天。当日夜晚至30日，在枣林则沟召开了中共中央书记处会议，即枣林则沟会议。会议由毛泽东主持，主要讨论了中央的分工和中央前委的行动问题。

毛泽东说："为了便于行动，前委工作班子要小而精，人员由中央有关部门选留，具体安排请任弼时同志负责。"

经过长时间讨论，会议决定：毛泽东、周恩来、任弼时率中央前委和人民解放军总部留在陕北，主持中央工作；由刘少奇、朱德、董必武组成中央工作委员会，以刘少奇为书记，前往晋西北或其他适当的地点，进行中央委托的工作。枣林则沟会议后，中央前委人员编成四个大队，成立了直属队司令部，任弼时任司令（化名史林），陆定一为政治委员（代号郑位）。毛泽东化名李得胜，周恩来化名胡必成。

按照中央会议精神，中央社会部李克农决定，中央警卫团团长刘辉山、政委张廷祯、参谋长古远兴和汪东兴率领警卫团一、二、三连和骑兵中队留在陕北执行保卫党中央和毛泽东的任务。

3月30日，毛泽东和任弼时发电给贺龙并转周恩来，电文大意：中央决定组织中央工作委员会，由刘少奇同志主持各项工作。朱德、刘少奇明晚由石咀驿动身去临县与董必武、叶剑英会合，经五台往太行。中央直属前委人员已至晋西北者，照前议一部往太行，一部就地疏散，由你告诉董必武、叶剑英处理，嗣后听从中央工委指示。接到电文后请你数日内回来，嗣后即由毛泽东、周恩来、任弼时三人主持中央工作。

3月31日中午，毛泽东、任弼时率中央前委和几百名战士离开枣林则沟，经田庄转移到子洲县邱家坪。刘少奇、朱德率领大队人马东渡黄河前往晋绥解放区。叶剑英、杨尚昆率领第三支队前往晋西北。

临行前，毛泽东紧紧握着朱德和刘少奇的手叮嘱："老总、少奇，你们路程远，一定要注意身体和安全！"

朱德、刘少奇也激动地说："主席留在陕北，情况复杂，你们的情况紧紧连着全党、全体军民的心！"

朱德又握着任弼时的手说："弼时，不，应该叫史林了，你的身体不好，更要保重啊！"

任弼时更是感怀："请老总和少奇放心！你们也要多保重啊！"

朱德、刘少奇又特别叮嘱叶子龙、龙飞虎、阎长林说："主席和弼时的安全就托付给你们了，你们要多动脑子，多设想一些情况，一定要保障主席的绝对安全，做到万无一失。"

毛泽东又与董必武、叶剑英等一一握手告别。中共中央的五大书记和重要领导人在此兵分三路，各自投入新的战场。这一别，直到1948年5月，他们在西柏坡才又团聚。

中共中央在枣林则沟一共驻扎了3天，自转战陕北以来，这是毛泽东住过的第5个地方。

寻访枣林则沟会议旧址

在佳县十几天的写生活动暂时告一段落，2017年10月1日，是新中国第68个国庆节。上午我离开佳县，一路往南行。今天的目的地是清涧县的枣林则沟，去寻访和写生中共中央和毛泽东转战陕北在那里召开会议的地方。

在寻找枣林则沟之前，我做了一些了解，路上比较顺利。我们一行六人经过米脂、绥德，下午两点驶出了201国道，开进了山村土路，岔路比较多，我们顺着一条干枯的河沟路向东走，一路上希望能有人出现，以便打听枣林则沟的准确位置。我们凭着感觉又走了很长一段土路，在一个三岔路口担心走错了路，就停了下来。等了十几分钟，终于看见有人从小路上走过来，我赶紧上前问询，那人抬手指向东北，说继续往前走十几里就到了，旧址就在一条村路的北侧，很容易认出来。

走了没多久便看到一处开阔地，上面有一排非常平整的土色窑洞，紧紧依靠在高坡前面，一米多高的围墙遮挡了窑洞的一半。院子的大门开在右侧，与一棵粗壮茂盛的老榆树为伴，这树足有一百年了，树荫遮挡了大半个院子。围墙下面是一米多高的地基，使整个院子显得特别高，也很突出。在一排窑洞的顶部有一行红色的大字“枣林则沟会议旧址”。院子下方平坦的场地上，能停放几辆汽车。下车后，我便习惯地拿起笔记本往大门走去，台阶前有一块比较大的牌子，上面有枣林则沟会议的情况简介。我登上十几级台阶，在大门外，又是一块比较平坦的场地，这里铺满了黄豆秧，一男一女两位老人正在收拾。老汉见有人来，站起身打招呼。我跟老汉说明来意，他放下手里的活儿，热情地引我进了院子。

原来，这位老汉就是枣林则沟会议旧址的房东吴子俊，也是这里的看护员和讲解员。这种情况还是第一次遇到，在自家的窑洞，讲述发生在自家的事情，太接地气了，格外真实而亲切。

吴子俊，今年 71 岁，正巧是毛泽东转战陕北那年出生，是原房东吴进增的孙子。他个头不高，虽然满头银发，但身体很硬朗，声音洪亮，精神十足。或许是平时常给参观者讲解，多了一些庄严的语气和姿态，但朴素的农民风格依然如故。

吴子俊说，毛主席来的时候实际上只有左边 4 孔窑，近几年政府帮助在右边又箍了一孔新窑，组成现在的 5 孔窑。除了右边第一孔窑由他们老两口住，其他的窑都做了陈列室。毛主席住的是右数第 2 孔窑。

随后，我请他带我先去看看毛泽东住过的窑洞，他笑呵呵地引我走进了窑洞，整修后的窑洞就是不一样，虽然不是白墙皮，窑洞也不大，但很干净。在这孔窑洞里还有两尊蜡像，塑的是毛泽东和郝登洲，毛泽东盘腿坐在土炕上，郝登洲则一条腿盘坐在炕上，另一条腿垂在炕沿外，二人对视，形象虽算不上逼真，但交谈的姿态倒也表现了出来。

吴子俊讲述了毛泽东见郝登洲的往事。

3 月 29 日晚上，正在清涧县石咀驿乡柳沟村下乡的清涧县委书记郝登洲和绥德地委秘书长乔备课，收到了三支队的鸡毛信，三支队是当时中共中央的代号，鸡毛信是有重要和紧急情况时传送的一种信件。信中要求他们马上到枣林则沟村去一趟。30 日一大早，两个人从柳沟村出发，步行 15 公里赶到枣林则沟，见到了毛泽东、朱德、刘少奇、任弼时等中央首长。毛泽东与他们一一握手，听了郝登洲关于清涧抗敌支前、坚壁清野和春耕生产等工作汇报，并对他们进行了指导和鼓励。

会议旧址窑洞里的蜡像，毛泽东会见郝登洲（2017 年）

毛泽东住过的窑洞里，除了蜡像以外，还陈设了一些陕北民间常用的物件，有土炕、水缸、米缸、小炕桌、煤油灯、暖水瓶、马灯等，都是按照当年的样子摆放着。

在中间的那孔窑洞中，也有一组蜡像，塑的是毛泽东、朱德、刘少奇、任弼时和杨尚昆。五个人或站或坐或弯着腰，围着一张八仙桌，正在开会的样子。

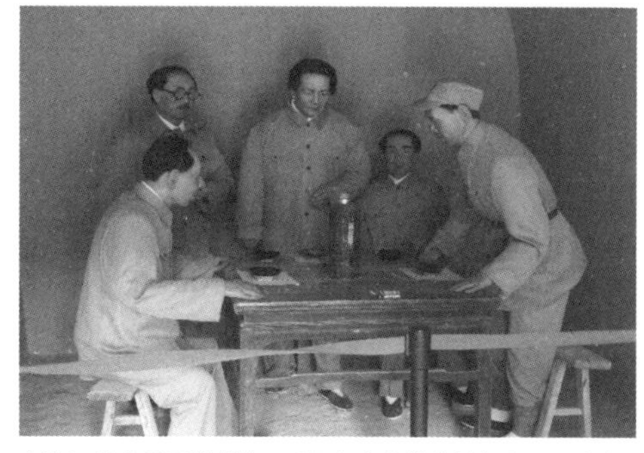
会议旧址窑洞里的蜡像，毛泽东和朱德等首长（2017 年）

剩下的两孔窑是图片和文字展示，展览的资料虽然比较简单，但对整个旧址的历史还是做了很好的介绍，足能体现出清涧县对枣林则沟会议旧址的重视。

吴子俊带我参观了几孔窑洞后，我拉他

寻访 1947 年中共中央机关和毛泽东转战陕北时在清涧县枣林则沟住过并召开枣林则沟会议的地方（2017 年）

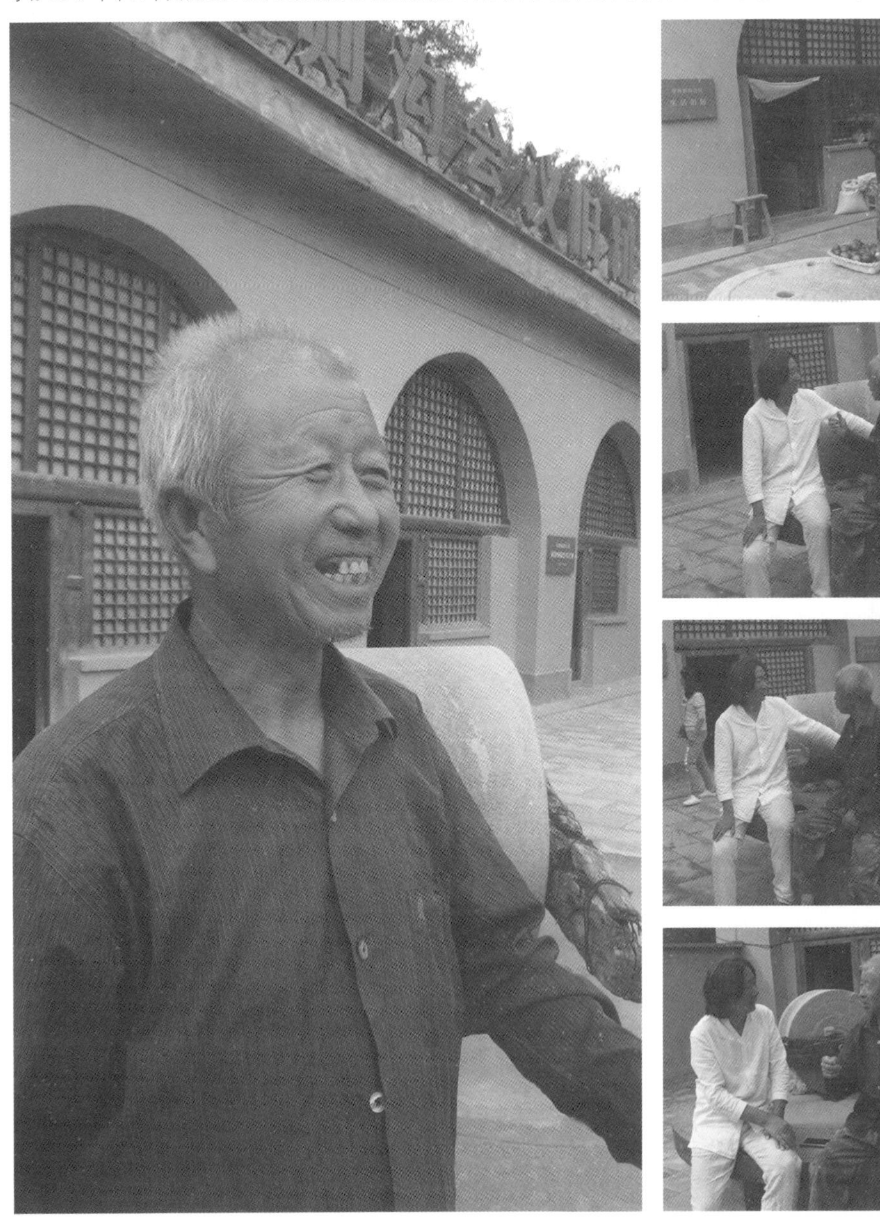

到院中的石碾子上坐下，跟他商量，今天来参观的人不多，能否多讲一些他所知道的往事，他爽快地答应了。

“平时来这里参观的人多不多？”

“有时来得多，有时来得少。”

“这个旧址是什么时候开始修复的？”

“1976 年就开始修了。”

“是哪里出钱修的？”

“县文管所。”

“当年毛主席来的时候，你爷爷在吧？”

“是的，我爷爷在，父亲在，还一个姑姑也在。姑姑给主席送过饭，那时她 9 岁了，记得清楚了。”

“主席在这里和你爷爷说过什么话吗？”

“我爷爷吴进增，性格比较内向，当时虽然知道来的是自己的队伍，也知道来了大官，但不知道是毛主席来了。毛主席是步行到枣林则沟的，后面有骑兵跟着。那个时候山村里的路比现在还要窄，只能走人和牲口，队伍有很多人，还有两辆吉普车和一辆大车，这里进不来，都只能停在沟口。我爷爷站在大门口迎接他们，看见其中一个中年汉子个子比其他人高。爷爷见到解放军首长很拘谨，不说话，毛主席主动跟我爷爷拉话说：‘老乡，打搅了，我们住在你家，你们到哪里去住啊？’我爷爷赶紧回答：‘可不打搅哩，我们吴家在村里是大姓，住在什么地方都行，后面坡上就是我兄弟家，我去那里住。’毛主席住在这里还跟村里人说，部队行军，敌人的飞机一路跟着侦察，走到三岔口后发现这里比较安全。毛主席和朱德、刘少奇、任弼时都来了，在这里开了重要会议，中央决定留在陕北。从这以后，毛主席化名李得胜，就是一定要胜利的意思。”

吴子俊操着一口陕北方言，我听得虽然费劲，但也能明白个大概，实在没听清楚的地方，就反复问他，他也不厌其烦地回答。

“后来我爷爷跟家里人说，毛主席领导的队伍是为老百姓打天下，让咱穷人翻了身，我们要拥护毛主席，要出力支援解放军。”

“那时候的日子过得怎样啊？现在生活得还好吗？满意吗？”

“是哩，那个时候确实苦，没有细粮吃，粗粮有时也吃不饱。现在生活好起来了，我们家的窑洞原来是 4 孔，后来县上给钱来翻修了窑洞，跟我们商量要做枣林则沟会议旧址展览馆，教育后人，还给修了右边第 5 孔窑给我们住，让我看护和管理旧址，每月还给 500 块钱的工资。我们当然同意了，这是好事嘛，毛主席为人民，我们不能忘。我们老两口守在这里也很好，种地有收成，国家还给工资，就是国家不给了，我们也愿意。我们老两口的主要任务就是把会议旧址看管好，照顾好，有人来参观，我也要讲好。”

“您有几个孩子？是不是也在外面工作啊？他们常回来吗？”

“我们有 4 个孩子，两个女儿，两个小子，都在外面打工。经常回来看我们，都好着哩。”

“毛主席住过你们家，是不是很光荣啊？”

“那是的，全家人都光荣。毛主席、刘少奇、任弼时的后代都来过，有一次来了一百多人，他们都夸我把这里打扫得可干净哩，我们家里人都可高兴了。”

“革命的后代和房东的后代还很有感情呢，很幸福呢！”

“是哩，有感情哩，感到很幸福很光荣！”

吴子俊开心的笑容一直挂在脸上。

……

我与吴子俊足足唠了两个多小时，此时已接近下午 4 点，我突然想起还有重要的事情没有做，我要去找个合适的位置，把枣林则沟会议旧址画下来。吴子俊见我要走，连忙把大红枣端过来让我们吃。其实我们一进院子，他就把枣子洗好了，我顺手将枣子放在磨盘上，没有吃。推脱不过，我取了几颗装进口袋里。

会议旧址所处的地势较高，而且院落比较独立，无论是在院子内，还是在院子外，都没有合适的位置写生。我站在院墙边上四周寻望，看到村路对面有一个高坡，离院子约有几百米远，坡上有茂密的灌木和杂草，据我常年写生的经验判断，那里应该能够看到旧址全貌。时间紧迫，容不得过多犹豫，我带上沉重的画具，向对面的高坡而去，废了好大的力气终于爬了上去。果然是个写生的好角度，就是荆棘太多，也没有平坦的空地。我只好双脚用力踩出一小块平地，勉强能够支起画架，小马扎只好翘着放下，我半个屁股坐在上面，一条腿蜷着，另一条腿伸着以支撑身体。

我远远地观察着对面的旧址，有参观的人来了，吴子俊又忙活着讲解，这一幕就像皮影戏一样，有移动的影子，更有他高亢的陕北话。就这样，我的写生稿在一个多小时后基本完成。暮色降临，我们依依不舍地告别了枣林则沟和淳朴热情的吴子俊老两口，回到延安时已是深夜，这时想起口袋里还有几颗大红枣，它们已经被焐得热乎乎的了。

春去秋来，第二年 10 月，我又到陕北写生，这次是从延安往北寻访，看路线正巧可以路过枣林则沟，很想再去看看会议旧址和老房东。再次见到他们老两口，看上去吴子俊比去年明显老了许多，他俩看见我，很长时间都没有认出来。

枣林则沟会议旧址

水墨设色纸本 / 65cmx39cm

写生地点→陕西省榆林市清涧县石咀驿镇枣林则沟村

写生时间→ 2017 年 10 月 1 日

过田庄，毛泽东转移到邱家坪

毛泽东在田庄短暂停留

毛泽东、任弼时率中央前委离开造枣林则沟后，向北面的绥德转移，要求大家一律轻装前进。汽车送两位首长到15公里以外的田庄，这里是绥德县一个比较大的村镇。下车后，7岁的李讷要告别爸爸妈妈到河东去了。眼睛有些湿润的毛泽东与哭泣的小李讷紧紧拥抱在一起，但是懂事的孩子很快意识到，不能耽搁太久时间。毛泽东沉默片刻，对司机颜再生说："开车吧，请把李讷送走吧。"

3月31日那天，只有600多人的中央前委机关和警卫人员在田庄短暂休息，这是中共中央转战陕北后的第6个歇脚之地。

毛泽东在田庄村为何只是短暂休息，没有夜宿呢？带着这个疑问，我于2018年9月28日专程找到了位于绥德县最南端的田庄镇。这天午后，天气格外晴朗，暖暖的阳光洒在秋色的大地上，景色格外壮观。宽阔的公路东西伸展，一条通往田庄镇的小路与公路形成一个斜岔。在镇上一位店老板的指引下，我找到了镇政府，先去这里打听一下。

在一个很大的院子里，我进入一间窑洞办公室，一位青年男子坐在办公桌后看手机。我向他说明来意，那人微微抬头，告诉我说应该找康万军问问。康万军是谁？他说毛泽东来的时候好像到过他家。闻听此言，我兴奋不已，感慨自己运气真好，便请他帮忙联系康万军，他好像有些不乐意的样子，没再理会。这时从窑洞外面进来一位老汉，他有康万军的电话，愿意帮忙联系，我一再道谢，并征得中年男子的同意后坐在办公室的沙发上等待。

俗话说"好事多磨"，一点不假，我焦急地等了许久，突听院子里传来几个人说话的声音，一位60岁左右的男子走进来，腋下夹着个棕色小皮包，手握一只透明的玻璃杯子，浓浓的茶水跟他的面容一样是深褐色的。此人似乎没有看见屋里的任何一个人，他将包放在茶几上，懒懒地坐在了靠办公桌的沙发上，高高地翘起二郎腿，顺手拧开玻璃杯盖，吸溜吸溜

地喝。这时老汉示意我，这位就是康万军。我连忙站起来向他问好，康万军面无表情地看了我一眼，然后又跟一起来的另一个人说着什么。我感到很尴尬，但还是耐心地等着他。过了一会儿，康万军好像才想起了我的存在，问我找他有什么事情。

我把想了解毛泽东到田庄的事情又告诉了康万军一遍，他一边听我说，一边跟另一个人说话，同时还将水杯子拧来拧去。又过了一会儿，他终于可以回答我的问题了，我聚精会神地聆听。

“当年毛主席来到田庄，我父亲在，家里开了一家车马店。父亲叫康隋成，那天天气特别好，他正在做饭，看见有很多人过来了，有当兵的，还有马匹，在周围走来走去。后来有一个当官的找父亲拉话，说有首长要找地方休息一下。我家是大户，有前、后两排窑洞，前排住人，后排是存草料和喂马的地方。”

这时，另一个人指着康万军插话说：“他家是有钱人！”

康万军听得喜笑颜开，接着说道：“毛主席和任弼时是在我家前排窑洞里休息的。那时家里的窑洞刚挖好，还没有装门窗。家里人在毛主席住的窑洞里铺了一些玉米秆，他们又铺上一个床单，主席就侧卧着看书。父亲做好饭后给主席送了过去，这时才近距离看清楚毛主席的样子。”

“毛主席在你们家住了多久？”

“就在窑洞里休息了一会儿，也就一个多小时的样子，然后就带着部队顺着淮宁河岸的土路往西去了，后来听说去了子洲县邱家坪村。六七十年代的时候，县上知道毛主席在我家住过，就给了一台三用机（收音机），算是奖励。”

“那您能带我去您家的窑洞看看吗？”

“我家的老窑早就没有了，前些年这里修公路，建设新农村，院子被征用了，我们在别处箍了新窑。”

“那太遗憾了，老窑洞一孔也没有了吗？还有没有一些痕迹？”

★ 毛泽东：走路怕什么，什么事情开始总会有困难的，
行军也是一样，走路多了也就习惯了，好了。

“没有了，什么也没有了。”

谢过康万军之后，我带着一些遗憾走出了田庄镇政府办公室。热心的老汉把我送到大门外，告别的时候，他告诉我说，康万军是田庄村的支部书记。

寻访毛泽东和中央前委在邱家坪住过的地方

3月31日下午，和部队一起徒步行军的毛泽东，经过长途跋涉，感觉很疲惫，脸上的汗水不断往下流。他脱掉了一件外衣，擦了擦汗，继续前行。阎长林见状就把马牵了过去，让毛泽东骑。但是骑上马的毛泽东仍觉很不轻松，不一会儿感觉腿很酸痛，便要下马。阎长林和几名战士将毛泽东扶下马来，他活动了一下身子，继续徒步走路。战士提出让毛泽东坐担架，他摆了摆手说：“走路怕什么，什么事情开始总会有困难的，行军也是一样，走路多了习惯了，就好了。”

……

2018年9月28日下午，我们沿着毛泽东和中央前委行走的足迹，顺着淮宁河的北岸往邱家坪寻访而去。从绥德县田庄到子洲县邱家坪的路程大约有20公里，大路多，小路少，还算好走。一路经过淮宁湾、四家坪、姜家湾、沙湾、裴家湾、前小沟等村镇，不到两个小时就找到了邱家坪村。有一条公路从邱家坪村的中央，东西方向穿过，我们沿着公路步行，从村子东头找到西头，又从西头找到东头，没有发现毛泽东旧居的石碑。照经验，我们只好先去寻村委会求助。村委会目标明显，我们很快找到了，正在值班的村支部委员邱光耀知道了我的来意，便答应带我们去看毛主席旧居。

我们随着邱光耀从村子的南边横穿公路，向北面顺着一条胡同往坡上走。拐了几道弯，在村子的最高处看到一个院子外面竖着块黑色石碑，上刻“邱家坪毛泽东旧居”。旁边还有

子洲县邱家坪毛泽东旧居现状（2018年）

一块较大的牌子，上面简单介绍了中央前委和毛泽东住在邱家坪的情况。还没有进入旧址的院子，我就感觉到这里应该保护得不错，起码还有石碑和牌子。我们走到旧居的大门，发现门是锁着的，问邱光耀有没有钥匙，他说没有，只有房东有，我又问他能否找到房东，他说没问题。这下我就放心了，遇到这种情况，最担心的就是找不到房东。

邱光耀打通了房东的电话，回身告诉我说房东一会儿就来，这真是太好了。

在等待的时间里，我见旧居院子西侧有一条通往后面的小道，地势比较高，于是我跑了上去，在此处可以把旧居的整个院子看个清楚。院子是比较完整而封闭的状态，一排5孔大石窑，门窗都是完整的，在左数第2孔窑洞处，有一块红色的牌子，能够很清晰地看出写的是“毛泽东旧居”五个字。每孔窑洞的门梁上各挂一个小木牌，上面写着文字，从左向右依次为“任弼时住房”“毛泽东住房”“江青住房”“汪东兴住房”“警卫住房”。这座院子算是比较大的，地面也比较干净，几乎没有什么杂草，看来房东是经常来打扫的。

远远地看过旧居院落之后，房东还没有来，我回到大门外的空地上，把随身带着的两个马扎放在地上，把邱光耀请过来坐下，借这个空当跟他聊聊。据邱光耀介绍，房东家有觉悟，为了纪念革命前辈和毛泽东，三年前翻修了房子，供来人参观。房东家在别处盖了新房子，不住这里了，但经常过来看护和打扫。现在房子还是房东家的，村里想征过来，更好地保护起来，往上报了，还没有批获。现在管理人是老房东邱明明的孙子，叫邱建玉，今年71岁了。据说邱明明是老大，没有儿子，就把弟弟家的一个儿子顶门给了他。也就是说，现在的邱建玉并不是邱明明的亲孙子，但也是一家人，最后老房子归了他。

邱光耀正在给我讲述他所知道的事情，站在一旁的一位大姐插嘴说道：

“我大伯还给毛主席送过饭呢。”

我看着满脸荣光的大姐问：“您说的是真的？能告诉我您的名字吗？”

她笑着说：“当然是真的了，你问我名字干什么？不能告诉你。”然后哈哈大笑起来。后来大姐还是把她的名字告诉了我，她叫张东娥。

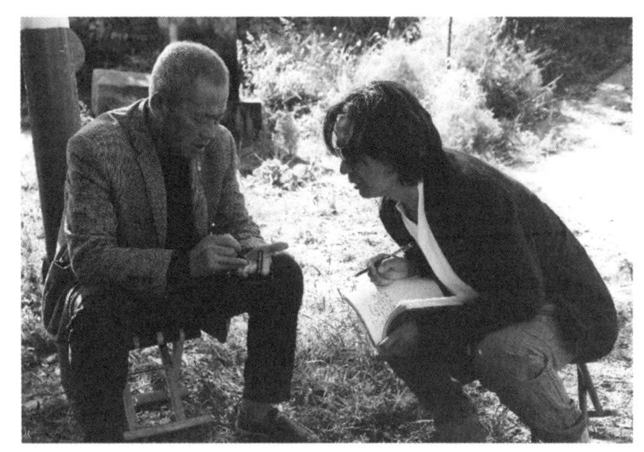

在邱家坪毛泽东旧居处听邱光耀（左）介绍情况（2018 年）

我正低着头记录，有人说房东来了，我立刻站起来向来时的坡路望去，只见一位老汉正慢慢悠悠地向这边走来，他头戴一顶鸭舌帽，身穿黑色夹克，腰间的皮带上挂着一大串钥匙，有种财大气粗的感觉。

邱光耀也站了起来，把马扎让给房东邱建玉坐。等邱建玉微喘的气息平复了之后，我便开门见山地与他聊了起来。邱建玉说：

“毛主席是晚上到邱家坪的，部队上提前有人找到我爷爷邱明明。土改的时候，我爷爷被划为富裕中农，家里的窑洞比较宽大，生活条件比一般人稍微好一点，来的人看家里的环境和位置比较安全，就商量着让毛主席、任弼时他们住下。我爷爷听了当然是乐意，就把房子给让出来了。我爷爷看见一个大高个子住进了左数第二孔窑洞，看上去很疲惫的样子，后来才知道那就是毛主席。开始的时候，村里人不知道是中央的毛主席和解放军来了，只听说是八路军（实际已是解放军），都夸奖说八路军（解放军）是自己的队伍，好着哩！带路的是从田庄那边过来的。毛主席刚一住下，就让人找来村里的党支部书记和民兵连长等人，问他们备战的情况。他们跟主席说，个别人为了图省事，把粮食藏在家里。毛主席听了，赶紧对大家说：‘这样太不保险了，敌人来了一翻就能翻出来。现在转移还不算晚，要动员他们赶紧把粮食埋到山里去。一定要远一点，藏在敌人不容易去的地方。万一敌人去挖粮食，我们还有民兵可以打他。这个道理要多跟乡亲们讲清楚，千万不能麻痹，不然是要吃亏的。’”

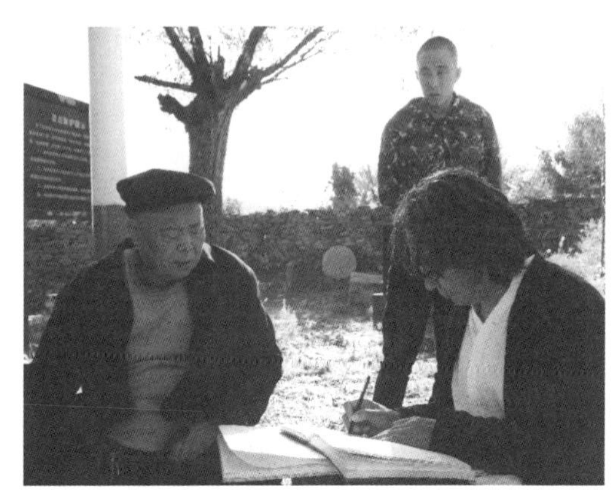
听邱家坪毛泽东旧居房东邱建玉讲述往事（2018年）

关于坚壁清野的问题，毛泽东是做过调查研究的。在转战陕北途中，毛泽东发现有的地方工作做得不够彻底，尤其是邱家坪这一带，群众的防范意识比较淡薄，容易麻痹大意。

毛泽东让人把绥德地委派来的乔备果叫了来，对他强调说：“你现在立刻返回去，告诉地委，一定要把群众发动起来，务必搞好坚壁清野部署，粮食和财物都要妥善安排。”

“主席，如果我们不把您送到驻地，回去了也不好向地委交代啊！”

“你尽管回去，地委不会责备你的，他们可能还没有重视这个问题，你回去务必把这个事情做好，这样敌人来了，群众就可以减少损失。你们不要担心我，中央走到哪里都有群众，有吃有住就可以了，把我的意见直接告诉地委就是了。”

毛泽东担心的问题在吴家坪村就发生过，村里人太大意，把粮食藏在自家窑洞里、地窖里，虽然也做了些伪装，但敌人也很狡猾，饿肚子的敌人自然会想尽办法找到粮食，为了找粮食，必然会对村民施加迫害。

邱建玉越说越有劲头，他又说道：

“第二天，毛主席从窑洞里出来，看见正在站岗的警卫员金武森，就问：‘小鬼，累不累啊？’金武森挺直腰杆回答：‘报告主席，不累！’毛主席又问：‘你愿意不愿意留在陕北啊？’金武森回答：‘我愿意跟着主席，和陕北人民一起消灭敌人。’毛主席听了很高兴地说：‘好啊！我们应该留在陕北，和陕北人民同甘苦、共患难，一起把敌人消灭掉！’第三天上，通信兵打来电话说胡宗南的部队上来了，中央决定向高家塌那边转移。后来爷爷在七十多岁时去世了，房子归我了。六七十年代以后，我们搬家搬了十几回，上面来人说这是毛主席住过的地方，你家不能住了，我们就搬出去了。后来又不管了，我们又搬回来了，刚搬回来，又有人来说不让住。到了现在，这个旧址也说不清楚上面到底管还是不管，干脆我们也不住了，搬到下面的院子去住，这里就做纪念吧，让来人参观。”

邱家坪毛泽东住过的窑洞内景（2018 年）

我听邱建玉说了很多，他有情怀，似乎也有一丝的不如意。

邱家坪毛泽东住过的窑洞内景（2018 年）

邱建玉从腰间摘下那串钥匙打开了大门，我进入院子，他又把所有窑洞的门打开。我先随他走进毛泽东住过的窑洞，虽然有些灰暗，但是打扫得比较干净，一座宽大的火炕，上面铺着一张陈旧的草席，席上搁一个陕北农村家家都有的小炕桌，桌上放着一盏煤油灯。墙上挂着大家都很熟悉的那张毛泽东标准像。我问房东邱建玉，窑洞里的火炕和生活用品是不是当年保留下来的，他说火炕还是原来的样子，从来没有动过，那张草席也是，当年毛泽东就是睡在这个炕上。其他物品大多也是那个时候留下来的，只是摆设的位置有些不一样了。

邱家坪任弼时住过的窑洞里的老物件（2018 年）

随后，邱建玉又带我参观了其他几个窑洞，依然收拾得比较干净，还有压饸饹面的老式工具、

邱家坪中央机关和毛泽东旧居
水墨设色纸本 / 138cmx70cm
写生地点→陕西省榆林市子洲县裴家湾镇邱家坪村
写生时间→ 2018 年 9 月 28 日

邱家坪中央机关和毛泽东旧居
一九四七年转战陕北途中毛主席于三月三十一日至四月二日在子洲县邱家坪住过的窑洞今貌

水缸、各种各样的木箱子、油罐子、咸菜坛子、纸囤、磨盘、马灯等很多老物件，都归置得很利落。看过这个窑洞院落情况，邱建玉确实是个有情怀的人，那些能够反映当年生活状况的老物件都保留了下来，而且将旧址保护得这么好。这个旧址虽然简陋，窑洞也未获得整体修缮，但是能够这样保留原貌反而更能让今人感受到历史的气息。唯一不足的是，在整理图片和文字资料方面，他个人的能力就显得有些不够了。

……

在陕北寻访期间，总觉得时间宝贵，不知不觉中，夕阳的余晖已经斜照在身上。我谢过邱建玉和邱光耀，以最快的速度把画具准备好，还是在院子外西边的高处，支起了画架，愉快地投入写生。在金色阳光的斜射下，西面高处的窑洞投下长长的影子，遮挡了一部分院子，我正处于暗影中，身上比较凉，而被太阳光照的地方则暖暖的。好一处温暖的金色景观，我陶醉、痴迷，忘却一切。开始作画的时候我往往是房东或村民的焦点，我不知道他们看我作画是什么感觉，但是他们看过一会儿，就会聚到暖和的地方聊起村里村外的事情。

金色的大院子、混合色的灌木与草丛、宽博浑厚的黄土高坡、清晰可见的远山，都在线条与墨色的交织中展现在一张四尺的宣纸上，水墨写生稿《邱家坪中央前委和毛泽东旧居》就此而成。

……

4 月 2 日凌晨，毛泽东、任弼时率领中央前委离开了邱家坪，继续向西转移。邱家坪是中共中央转战陕北后的第 7 个驻扎地。

毛泽东在高家塌住过的窑洞塌了

毛泽东在高家塌住过的窑洞塌了！塌了？塌成什么样了？是完全没有了？消失了？还是还有一些石头瓦块什么的？还是……

寻找高家塌毛泽东住过的窑洞

昨日在邱家坪毛泽东旧居处写生到很晚才完成，收拾好画具离开时，天已经黑了。下一个要寻找的地方是毛泽东在高家塌村住过的窑洞，也是顺着淮宁河的方向往西走，约有 10 公里的路程，算是很近的距离了。为了明日能早点找到目的地，虽然腹中饥饿，大家还是愿意陪我继续往西走，希望在离高家塌比较近的地方住下并解决吃饭问题。在比较偏僻的山村是没有什么饭馆的，只有乡镇上才会有，所以我们期待在西行的路上遇到一个乡镇。

我们继续沿着子南线公路西行，终于到了一个叫老君殿的镇上，镇子就在公路的两侧，借着微弱的路灯，很快找到了旅馆。为了照顾随行的女士，找了最好的一家，算是奢侈了一次。往日，我和任长安两个人的时候，无论在哪里过夜，不是住农家免费的窑洞，就是住最便宜的旅店，对吃的更是不讲究。乡镇上的旅馆再好，也就几十块钱一个房间，住宿条件可想而知。我们一行 4 人入住之后，便到街上寻找小饭馆。每人一碗羊肉面，顶多再加一个大烩菜，就很不错了。填饱了肚子，暖暖和和地回到旅馆，再好好睡一觉，很满足。

次日清晨起来，外面的空气是冰凉的，大家吃点东西又要准备出发。出门时问询旅馆老板高家塌村的具体位置，他说继续沿着公路向西不远就到。果然没走多久就在公路的北侧找到了高家塌村。我已经摸索出了一套行之有效的寻访办法，每到一个地方，先去找村委会，然后请他们帮忙，这个办法很奏效。如果得不到村委会的帮助，直接去寻找革命旧址或旧址房东等知情人，就会很费周折。

高家塌是一个很普通的小山村，在陕北，带“塌”字的村庄很多，比如任长安在佳县的老家就叫马连塌，听这名字就有一种特别的感觉。村名中这个“塌”字的意思，大概是说这里地势低凹。当然了，因为有凸才会有凹，所以其地势一定是高低起伏比较突出的地方。陕北地貌主要是黄土高坡，有高坡，自然就有川道，故而，起伏不断，错综复杂。中共中央和毛泽东选择在陕北开辟根据地，后来又转战陕北，与蒋介石展开周旋，就是充分利用了陕北的地形特点，使敌人难以寻觅我军的踪影。因为陕北的独特地形，村名中带“塌”字也就不奇怪了。不过，“塌”字又有坍塌、倒塌之意，人们觉得不吉利，很多村子就把它改成了“塔”字，故而高家塌也叫高家塔。

我们很快找到了高家塌村委会，院子中央立着毛泽东雕像，使这个小山村透着红色的气息。村主任高学峰听说我要去看看毛泽东住过的窑洞，摇头说：“窑洞早就塌了，什么也没有了。”他以为这样一说，我就会放弃想法。我不假思索地说道：“就算什么都没有了，也要去看，找到这里不容易，不能留遗憾！”高学峰见我如此坚决，就答应亲自带我们去找。我很相信高学峰的话，因为在我考察过的毛泽东住过的窑洞中，已经有5处或坍塌或消失了。但越是如此，就越发吸引我去看个究竟，这样做一是出于对那段历史的情感，二是也想为即将消失的历史印记留下一些信息。

高学峰从椅子上拿起一件黑色的皮上衣穿在身上，走出了村委会。我们跟着他顺着一条河沟向上走，河沟两面是庄稼地，一片一片逐阶升高，然后就是高高的黄土高坡。这里除了种植大片的玉米，还种植了很多蔬菜，山上的植被也很茂盛。远远地向高处望去，能看到很多废弃的窑洞，形成无数个黑洞。高学峰看上也就40岁左右，肤色如红铜一般，陕北方言中夹杂着一点普通话，倒也容易听懂。我们走过一条很长的河沟，又走上几段山坡小道，在一片比较宽阔的玉米地中停了下来。高学峰抬手指着对面两块高低错落的玉米地说：

“中间的部分，这里就是毛泽东住过的地方。”

什么？这里除了玉米地、杂草丛、灌木丛和黄土地，没有看见什么窑洞啊！不过，在高学峰所说的位置往右移十几米的地方，有一排很完整的6孔大砖窑，被高高的玉米秆遮挡了一部分。我很疑惑地问高学峰：

“难道那些窑洞不是毛主席住过的吗？你确定你指的位置就是吗？”

“当然，我家祖祖辈辈在这里，村里的每一块土地、每一条河沟、每一座山，甚至每一棵树我都清楚，怎么可能有错！”

“主任，你可别说大话啊，我问你，你们村里一共有多少孔废弃的窑洞，你知道吗？”

“这个，你还真把我问住了，这个真不知道。”

“主任，我是跟你开个玩笑，废弃的窑洞谁还会去在意啊。不过我相信你说的话，我又仔细看了看右边这排窑洞，它们都是砖窑，看材料和风格，大概是七八十年代箍的。”

“你说的没错，这周围除了这排窑是近几十年箍的，其他的窑都是更早的了，不过这一片都没人家住了。这些年，所有的住户都搬到这个高坡的另一面去箍了新窑，包括毛主席旧居房东家也在那边。”

我与高学峰正拉话，从沟里又走上来一位老汉，他戴着一顶青蓝色帽子，穿着一身休闲的服装，干净利落，不太像山村里的农民。原来村主任高学峰听了我的意见，帮我找来了村里的老支书。我感觉这位老支书一定有些文化，后来通过他的言谈举止证明了我的判断。我快速向前走了几步，拉住老支书的手往上拽了一把，他肤色黝黑但并不粗糙。

“我叫高海军，今年 83 岁了。”老支书可能知道了我的来意，便主动跟我说话。

“呀，83 岁！真没看出来，您的精气神这么足，也就六十几岁的样子。”

“托毛主席的福！你是要找毛主席住过的窑洞呀，我来告诉你，就在这里，可惜都塌了，窑口被黄土埋地下了，要是前年来，还能看到洞口。”

“实在太遗憾了，村里为什么不给修起来呢？再不修，以后可就彻底消失了！”

“不是不想修，起码我是最想修的，别人我不管，我对毛主席是有感情的。现在我虽然老了，越来越觉得他老人家是伟大的。就怕年头久了，人们找不到地方，所以村里在地头上竖了这块牌子，起码来了人还能找到这个地方。”高海军说到这里，高学峰也插话说道：

寻访 1947 年中共中央机关和毛泽东转战陕北在子洲县高家塌住过的地方（2018 年）

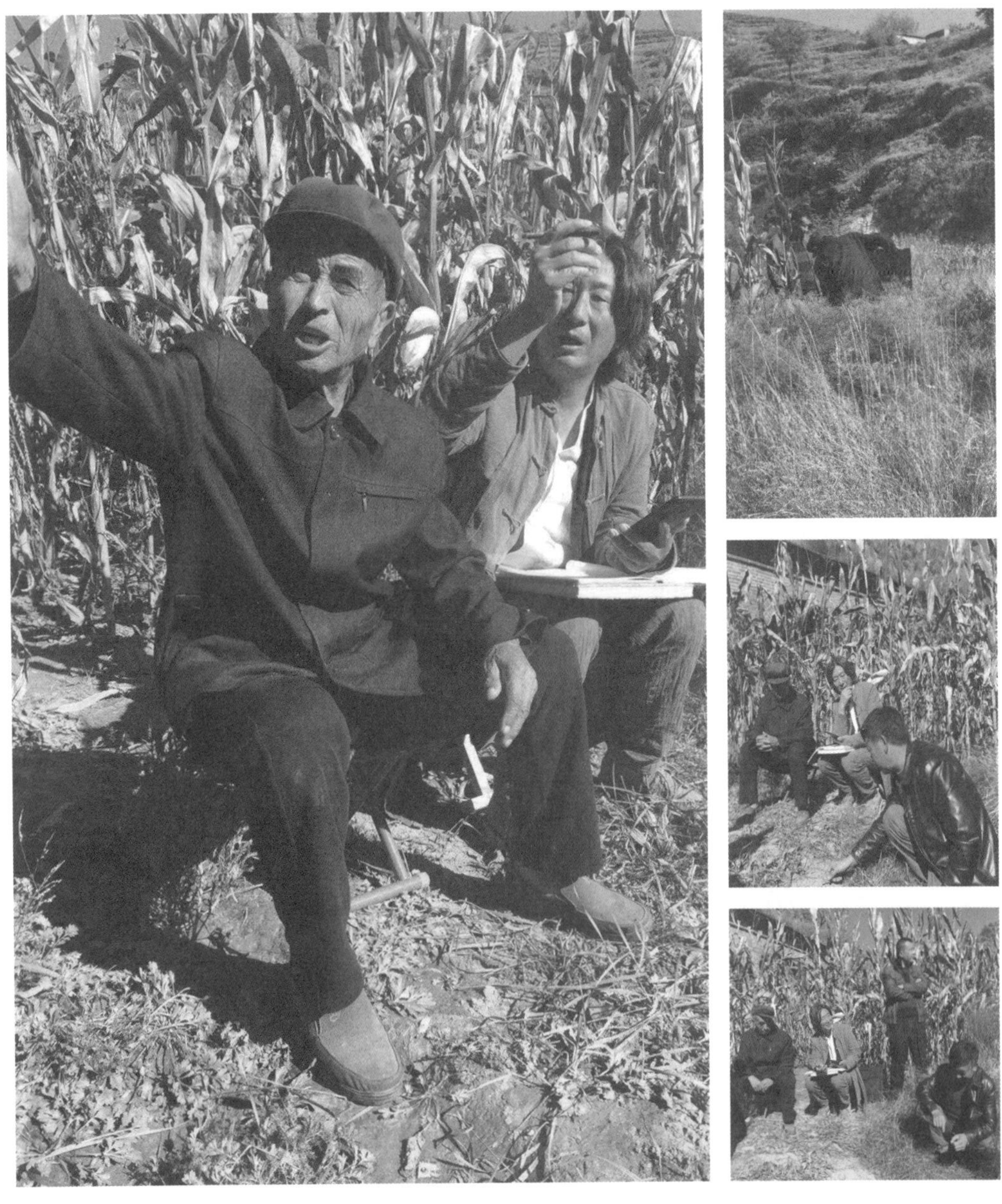

“我们都想好了，原来什么样就修成什么样，附近不要的石材就够用的，但是，村里没有钱修，现在不给钱没人干呢，都认钱不认人了，还要问人家房东愿不愿意呢，毕竟这是人家的地。”

“你看，我在陕北画过很多毛主席住过的窑洞了，走到别处都能画成，记录一下现在的状况，可是找到你们高家塌，窑洞却没有了，心里不是个滋味呀！”

“是呢，我们也不希望是这个样子，现在全国都在重视红色文化呢，说明人们知道打江山不容易。我是六十年代的人，对毛主席也有感情了，虽然没有老书记他们感情深，但是，现在我觉得毛主席就是伟大！你比如说那个时候，集体出力，一呼百应，乡里乡亲帮忙哪有要钱的，现在可不行了，没钱谁给你帮呢！”大家说起这个话题，都议论纷纷。后来，老支书高海军喊上我蹚着半人高的草丛走到地头牌子那儿，告诉我说现在也就能立个牌牌。他指着牌子上写着的“高家塌毛主席旧居”几个大字，惋惜地说：

“毛主席去世的那年，这里开追悼会，所有的人伤心痛哭，每次想起来我都很伤心。我们对不起毛主席呀！”我见老支书情绪有些失控，赶紧转移话题。

“老支书，1947 年，毛主席来的时候，您还记得吗？”

“记得呀，那时我 12 岁了。那天刚刚亮起，我从这条沟上走，突然看见有很多人来了，有骑马的，有扛枪的，河沟里有人，山坡上也有人。看见这么多人，心想他们是干什么的呢？有些害怕，我就傻傻地站在那里一动不动。当兵的也看见我了，他们走自己的，没有理睬我，后来我就放心了，心想应该不是坏人。他们是从邱家坪的方向过来的，我看见有个大个子，留着大背头，骑着一匹白马，后面跟着警卫员。当时害不哈（不知道），后来才知道来的是毛主席。还有一个留着胡子的人，后来知道是任弼时。”

“毛主席来了住在谁家了？房东人还在吗？”

“毛主席住在高怀清家的窑洞。当时高家有 3 孔石窑，毛主席住在最右边一孔，这孔窑与中间一孔内部是相通的。高怀情算是村里的一个小地主，但人不坏，窑洞虽然箍的不多，但是很结实，还有围墙和大门，哎！现在什么都没了！高怀清没有儿子，过继了一个。高怀清早就去世了，他婆姨还在，叫巩兰英，今年九十多了，就是不能说话了，躺在床上不能下地，但是还特别能吃呢，过继的儿子和她住在一起。”

“毛主席和任弼时他们在高家塌村时，胡宗南的部队追得紧吗？”

“自从咱们青化砭战役胜利后，胡宗南就变得谨慎了，虽然追得紧，但是不敢贸然靠近。当天没有听到敌人的动静，第二天敌人才赶到这里。彭德怀和习仲勋只用了很少的部队跟胡宗南周旋，弄得敌人总是摸不清中央和毛主席到底在哪里，总是迟到一步，好像老天爷都在帮咱们。”

“胡宗南不懂陕北，不懂农民。毛主席是什么时候离开高家塌村的？有没有给房东留下过什么？”

“是呢，毛主席最爱护老百姓了。毛主席是当天晚上走的，没有在这里过夜。毛主席走的时候给房东留下了一盏马灯和一把雨伞。”

我正跟高海军聊着，这时又来了一个本村的中年男子高庆武，他说那时候家里太穷了，吃不饱饭。1947 年春天，毛泽东来了，村里人都知道解放军是自己的队伍，队伍从高家塌走了没几天，父亲就去参军了，家里人总算有盼头了。其他几个村里人也你一言我一语地聊起来，他们说：高家塌村闹红的时候，这里斗争很激烈，刘志丹领导的陕北红军在老君殿袭击了国民党军队，俘虏了 300 多敌人，缴获了长枪、短枪、机枪也有 300 多。高怀清虽然是地主，但是三几年就参加了陕北红军，后来复员回到村里务农。高家塌村有很多人参加了红军，牺牲的也有好几个，只有一个人安葬了，其他人连尸骨都没找到。

……

不仅高家塌村民在战争中做出了巨大牺牲，整个陕北，不论是出人、出力，还是出粮，都为中国革命做了巨大贡献。今天，陕北人虽然对幸福的生活感到很知足，但是陕北农村跟很多富裕的地方比还是差距巨大。北京的两位朋友，得知我常到这里寻访，有所触动而跟随到了陕北，他们说，什么时候陕北人民都小康了，中国才算真的富裕了！朋友的话触动了我多年的所见、所闻、所思。

旧窑洞塌了也要画

一群人，外来的和村里的，在一片丰收的玉米地里，述说着陈年往事，整整一个下午，热乎乎的阳光洒满了整个山村和所有的黄土高坡。村支书高学峰和村民高庆武给我领路，要走到对面很远很高的一座山坡上去写生。老支书高海军却要留在已经不存在了老窑洞前再待一会儿。

1947 年毛泽东在高家塌住过的地方现状（2018 年）

对面的高坡上是一排又一排荒废的老窑，有些地方的杂草已经高过了窑洞口，门窗大多没有了，围墙也都东倒西歪了。我就在这样一片废墟中，半蹲在枯草丛中，远望着刚刚还在玉米地里拉话的地方。高学峰指着那个地方说，翻过那个高坡，对面就是现在的高家塌村，毛泽东旧居房东家就在那边。说完之后，他们二人就回村里去了。

野外写生，环境会直接影响人的心情。郁郁葱葱的树木挺立在对面的山披上，他们走后，周边顿时安静下来，万籁俱静，却平添了几分压抑。最重要的是，远远望去毛泽东住过的窑洞一点痕迹都不曾留下，只有那根倾斜了的电线杆子默默地告诉我：我就是坐标。旧窑洞塌

高家塌毛泽东旧居
水墨设色纸本 / 87cmx70cm
写生地点→陕西省榆林市子洲县何家集镇高家塌村
写生时间→ 2018 年 9 月 29 日

了也要画，起码现在村里还有岁数大的人能告诉我它的位置，以后恐怕再无人知晓了。

心情从未如此复杂，笔墨从未如此沉重。

旧居房东什么都不想说

我的写生稿基本完成时，已经是午后两点多了，随行的其他三个人因为等我，也都没有吃东西，大家在山下聚齐时，肚子似乎不约而同地咕咕叫。附近村里没有饭馆，大家在车上翻出一点零食，吃了几口，接着还要去寻找毛泽东旧居房东。

按照村支书所说的位置，我们走了一段很陡峭的坡路，进了一个大院子。右边有一个雕刻着花纹图案的石碾子，特别引人注目，枣树上落下的红枣和树叶洒满了院子的每一个角落。一位热心的村民领着我们进入一孔窑洞里，见一位身材瘦弱的老汉，头上还戴着一顶礼帽，麻利地从炕上下来。他就是毛泽东旧居原房东高怀清的继子高志海，今年 62 岁。窑洞里很干净，而且还有几件很时尚的家电，看得出他们家生活过得还不错。我们虽然没有介绍自己，但他似乎已经知道我们为何而来。他要给我们烧水泡茶，我说不用，就用他家的舀子在大黑缸里舀了凉水，倒在自己的杯子里喝。他又拿来几个苹果让我们吃，刚想推辞，那位热心的村里人说：

“你们来了就别客气，房主给拿吃的，你们就吃，不然房主以为……”

他没有把话说完，我就明白了，陕北人跟我们山东人一样，也都好面子。于是，大家每人拿起一个红彤彤的大苹果，美美地吃着，肚子似乎嗅到了甜甜的味道，叫得更猛烈了。

稍坐片刻，我便问起老房东高怀清的老伴儿巩兰英的情况，身体怎样？能不能看看她？高志海说她正在隔壁的窑洞睡觉，然后他先去替我们看看情况，不一会儿回来说，妈妈睡得迷迷糊糊的，不起来。征得他的同意，我们去了巩兰英住的窑洞。窑洞里比较黑暗，一进去

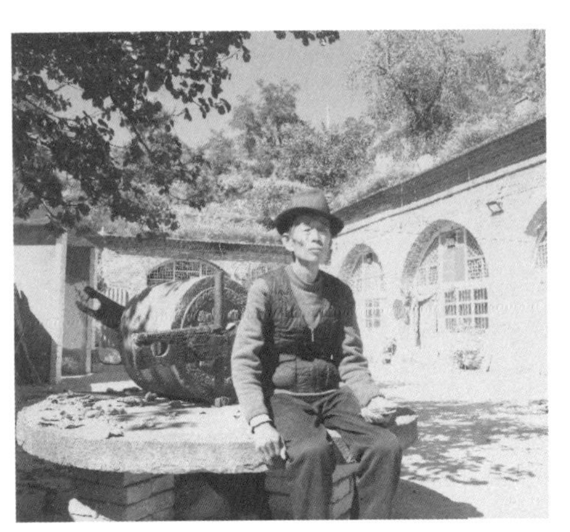
高家塌毛泽东旧居现在的房东高志海（2018 年）

便闻到一股难闻的气味，我还是尽量走近炕边，巩兰英正躺在炕上。我问什么话，她都没有回答，只是不停地叨叨着，一个字也没听清楚。高志海说：

“妈妈岁数太大了，能走路，听力不好，脾气还大，经常糊涂，一辈子很能干，很要强。妈妈很能吃，比我吃得多，中午吃了三大碗面，饭吃了，还骂人呢。”

热心的村民也说：“她就是糊涂了，骂人，自己不知道是咋回事。这么多年，她儿子一直照顾得好着哩，不然哪能活这么大岁数。”

我想问高志海毛泽东住他家的一些情况，他说了一句“那时可苦了”，突然眼眶一红，眼泪流了下来，只是喃喃自语。说起窑洞坍塌的事情，他还哽咽起来。高志海可能是有难言之隐，或是什么委屈。我也不知道该如何安慰他，只好跟他聊点别的。

过了一会儿，高志海能较顺畅地跟我拉话了，听他讲，是想修毛泽东旧居的，但身体有残疾，力不从心。他的身体很多年来都不是很好，亏得儿女们比较孝顺，他们都在外面工作，生活条件还算不错。儿女们经常给他寄钱，他也想得开，在生活上比较讲究，这不，刚刚买了一台净水机，造型还很时尚。高志海指着净水机让我看，这时发现他的脸上漏出了一丝喜悦。

……

4 月 2 日傍晚，毛泽东、任弼时率领中央前委离开了高家塌，继续向西转移。高家塌是中共中央转战陕北后的第 8 个驻扎地。

毛泽东在涧峪岔庄窠坪作诗

风雨峁上行

4月2日傍晚，毛泽东、任弼时率中央前委离开了子洲县高家塌村，继续向西行军30公里，于次日凌晨转移至子长县涧峪岔，驻扎在庄窠坪村。毛泽东住在村民薛应宗家的窑洞，仅在此休息一日，因有敌情，半夜便匆匆离去，急行军去了石家湾。这是毛泽东和中共中央转战陕北以来驻扎的第9个地方。

是什么敌情只停留了一天？为了解开这个疑惑，我们一行三人于2018年4月20日，从子长县城出发，经石家湾去寻找那个叫涧峪岔的小镇子。

涧峪岔镇，位于子长县正北30多公里处。石家湾，位于子长县西北50多公里处。涧峪岔与石家湾之间有20公里。石家湾村属于李家岔镇管辖，在镇北20公里处。我们离开李家岔镇石家湾服务站的时候是下午两点多。临走前向服务站的工作人员打听去寻找涧峪岔的路线。他们说，从石家湾去涧峪岔，虽然直线距离不算远，但走的都是沟路和山峁，非常难行，山峁上的岔路很多，很远见不到村庄，实际路程要远好几倍，如果没有人带路，是很难找到涧峪岔的。服务站的年轻干事主动提出来要给我们带路，送到通往涧峪岔的好路上。我问会不会影响他们工作，他们说，村里人少，服务站事也少，今天没什么事情。三个年轻人，开上自己的车，在前面带路，几辆车很快就钻进了黄土高原的山沟沟里。

无法数得清楚，走过了多少道沟，越过了多少座山峁，经过的所有山路，都是随着山坡的走势，眼前是一条仅供一辆小汽车通过的黄土路。若是下雨天，这样的山路根本无法通行。前面的车对路况很熟悉，我们后面的车子使出吃奶的劲儿，还是被甩得远远的。渐渐偏西的太阳，在起伏的群山中时隐时现。前面的车子拐弯时，也没有减速的迹象，瞬间溅起的黄土，遮挡了我们追赶的视线，只见车尾部飘出的微光，在灰色的空气里左摆右晃，然后又很快消失在呼呼作响的狂风中。车子走在向阳的西面时，便见群山叠嶂，日光如丝，壮观得令人叫出声来。车子走在背阴的东面时，千沟万壑似海底，朦胧如月夜。

我们在恍惚与惊奇中跌宕起伏地走了几十分钟，也不知走了多少路程。一路上始终没有见到村庄和人。山坡上的羊啃着黄土里刚刚冒出来的绿草，这只是想象中的美丽画面。

刚才还在摇头晃脑的车子，突然平稳下来。我们随着前面的车子停在一条柏油路上，这条路比土路宽阔了许多，但仍然还是在高高的山峁上。车子刚刚停稳，突如其来的一阵黑风，将我们 6 个人吹得摇摇晃晃，瞬间落下黄豆大的雨点来。我问他们是不是到了涧峪岔，他们指着前方的路说，还有大约一半的路程才能到，不过前面的路基本都是柏油路了，有一段土路也比较好走了。言不尽的感谢之情，在风雨中与他们挥手告别。

那日下午，天空时阴，时晴，时雨，天色随之变化。

后来得知，我们在山峁上艰难走过的这段路，是在大郎山、二郎山、三郎山之间盘旋的。

为寻访毛泽东在涧峪岔庄窠坪住过的窑洞，艰难行驶在子长县李家岔镇通往涧峪岔的山峁上（2018 年）

他们原路返回，我们则继续前行。此时我突然想起，只顾赶路，竟然忘记问他们的名字。突来的风雨即刻将车上的黄土清洗得干干净净，露出了雪白本色。舒畅的心情，随着风雨的淡去，更加心旷神怡。太阳似乎又回来了，天色又明亮起来。

被雨水洗刷的黄土高原又精神抖擞了，透亮的空气，把更远的山色拉到眼前。高坡上黑灰色的枯草，是去年固守下来的根。我想这场雨后，它们都该很快长出绿叶来了吧，或许就在明天早晨。这些枯草，很有规则地分布在山坡上，一片连着一片，整个山体就像奔跑的花斑豹。终于看到活物了，突然有三两只野山鸡从车前跑过，然后消失在山沟里。行不多远，又冒出来几只，灵巧的野山鸡，披着与黄土坡颜色极其接近的羽毛，稍一走神儿，它们就像遁入土里一样不见了。我问任长安，为什么这里突然出现这么多野山鸡？他说，跟这里人烟稀少有关，也跟这些年退耕还林的政策有关，自然环境好起来了，山鸡啊、野兔啊，很多野生动物就多起来了，而且见到人也不是很害怕。

听房东讲述毛泽东在庄窠坪的往事

下午 4 点多，我们终于找到了涧峪岔镇，这是一个很偏僻的小镇。到了涧峪岔，第一件事就是赶紧找到镇上的邮政所，买了一枚邮票贴在册子上，并在上面盖戳。我要寻找的毛泽东住过的窑洞，就在与小镇紧挨着的庄窠坪村，这个村子也很小，就在镇政府的旁边，大概也就十几户人家。我们打听了镇上的人，六十多岁的刘生福老汉热情地带着我们找到了毛泽东旧居。

我一看到这处有 5 孔石窑的地方，就有些心酸。虽然离镇上这么近，但也没有任何的保护和修缮，也没有院子，紧贴着窑口的前面还盖起了房子。窑洞前面只剩下一米多宽的过道，杂草丛生，废弃的砖瓦随处可见，一片狼藉景象。

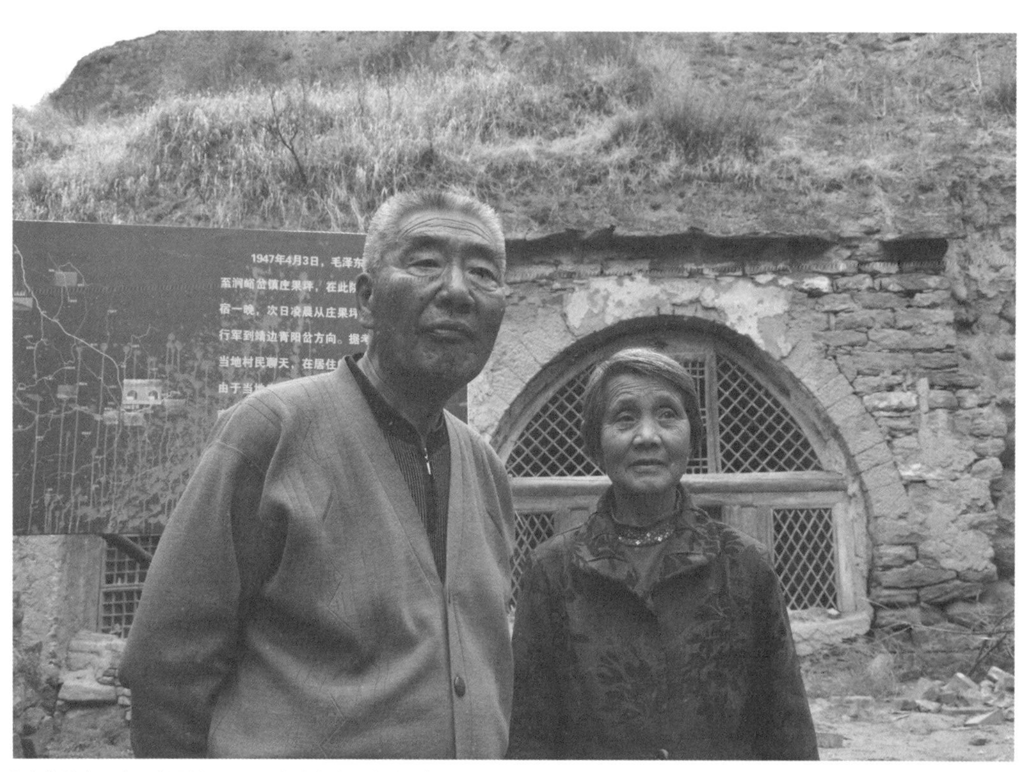

房东薛秉贵、妻子高翠兰，及毛泽东在庄窠坪住过的窑洞现状（2018 年）

在窑洞前面倒是竖着一块喷绘的牌子，字迹也已模糊不清，经辨认大概记述的是这样一些内容：1947 年 4 月 3 日，毛泽东在转战陕北行军至涧峪岔镇庄窠坪，在此院中间一孔窑洞住宿一晚，次日凌晨从庄窠坪出发，沿方家河行军到靖边青阳岔方向。

据考证，这段描述有些不准确。我转身问刘生福，到底哪孔窑洞是毛泽东住过的？他指着中间一孔说是这孔，而旁边一位大娘则说是右数第二孔。大家一时难以说得清楚，我就让刘生福帮助去把房东找来问个明白。

过了一会儿，刘生福找来了房东高翠兰。我喜出望外，赶紧上前问她。据高翠兰说，她今年77岁了，当年毛泽东住的窑洞是她掌柜家的，就是老伴儿薛秉贵。薛秉贵今年76岁，比高翠兰还小一岁，但是因为有脑血栓，行动缓慢，听力不好，说话也不太利落，所以在后面慢慢走着，一会儿就到。

在近段时间的寻访中，已经有很多处毛泽东旧居找不到房东了，这次终于找到房东，而且老夫妻俩都在，对我来说比捡了宝贝还开心。等到薛秉贵老汉慢慢挪动着脚步来到窑洞跟前，见他很有一身的文化气质，虽然身有疾病，但气色很好，总是面带微笑。我放慢速度一字一句地问他，高翠兰大娘则给我们翻译。

“毛主席来的时候，窑洞就是现在这样的吗?

“是呢，就是这5孔窑洞。”

“毛主席究竟住的是哪一孔窑洞？”

“最右边这一孔。毛主席住了一个晚上就走了。”薛秉贵慢慢抬起手来指着窑洞说。

“毛主席来的时候，你们家谁见过？您的父亲叫什么名字？他是不是见过？”

“父亲叫薛应宗，我是独生子。父亲也没见到毛主席，但是给主席的白马喂草料了。”

据房东薛秉贵和高翠兰口述：父亲薛应宗活到95岁，毛主席来的时候，是清明节的前一天，也是寒食节。按照当地的风俗，那天不能烧火做饭，只能吃前一天做的冷食和面捏的燕燕雀雀。那时薛秉贵才几岁，看见突然来了这么多人，有些害怕，就躲在上院的草窑里藏了起来。警卫员到上院检查时发现了他。周围的山上有很多警卫在站岗，他躲藏的窑洞顶上也有放哨的，战士告诉他不要跑出来，外面危险，他就一直在窑里躲着。

薛秉贵夫妻俩和在场的村民，对“敌情”一事，大概是这样描述的，不过很多也是听老一辈人说的。

毛泽东到庄窠坪时，国民党胡宗南的部队兵分三路，从清涧向这边追来，想寻找解放军主力进行决战。敌人想把毛泽东往东面赶，赶过黄河去，但是中央偏偏向西走。胡宗南追到瓦窑堡时，中央前委已经从高家塌向西走了很远。胡宗南得知毛泽东向涧峪岔这边来了，又紧追了过来，但每次总是有一段距离，隔着几座山，就是追不上。

半夜时，中央警卫团正准备进入窑洞睡觉，突然有骑兵侦察员来报告说，发现敌人正向我们这边追击。任弼时和叶子龙立刻布置警戒，后来经过辨认，并不是敌人追来了，而是自己的队伍。再后来，听到有很多人的说话声，应该是考虑到安全，毛泽东和中央前委在老乡的带领下向石家湾的方向匆匆而去。毛泽东离开庄窠坪后不久，天刚刚亮，胡宗南的部队就真的追到这里了。有一位村民老汉说，那时他看见国民党兵一到村里就拉着村民给他们去做饭，还让村里的女子去给他们缝补衣服。

……

五律《张冠道中》是毛泽东在庄窠坪所作吗?

在毛泽东旧居处的那块牌子上，有一段非常简单的介绍，提到了关于毛泽东在庄窠坪作诗的事情。据说，毛泽东住到庄窠坪后，与当地村民聊天时问起村庄的名字，之后就在这孔窑洞里写了一首诗。由于当地农民说的是陕北方言，毛泽东是南方人，将“庄窠坪”听成了“张冠坪”。因此所作诗文便为五律《张冠道中》：

朝雾弥琼宇，征马嘶北风。
露湿尘难染，霜笼鸦不惊。
戎衣犹铁甲，须眉等银冰。
踟蹰张冠道，恍若塞上行。

毛泽东在行军途中常常有感而发，激情澎湃，就作诗词以抒胸怀。这是诗人毛泽东的独

特艺术魅力。若称之为“马背诗”或“窑洞诗”，更觉得有戎马气息。

毛泽东在庄窠坪虽然停留时间很短，但仍有兴致作诗，这勾起了我的特别兴趣。后来经过多方查询资料了解到，这首《张冠道中》竟然还有许多有趣的探究。其中，从事毛泽东研究的吴正裕也曾写过一篇关于这首诗的文章，原来有读者对毛泽东这首诗创作的真实性产生过疑惑，主要是时间、地点、环境和语法等因素与事实不符，因此提出了质疑。通过认真研究，终于解开了谜团。

有人根据《张冠道中》这首诗是通过“抄件”选入 1996 年由中共中央文献研究室编辑，中央文献出版社出版的《毛泽东诗词集》，所以提出了“误抄”的置疑。吴正裕为此走访了曾任毛泽东秘书的林克并了解到：1962 年一次清退毛泽东的文件时，发现了毛泽东作于 1947 年的《张冠道中》的手稿。由于喜爱毛泽东的诗词，就立即抄录在随身带的小本子上，随后又抄到日记本里，在诗的前面都写上了“毛主席诗”4 个字。并说 1986 年胡乔木主编《毛泽东诗词选》时，他把自己保存的毛泽东诗词的抄件都提供给了胡乔木。当时，林克还就他抄录毛泽东诗词的情况，写了说明材料。需要说明的是，胡乔木知道这些抄件未经毛泽东修改审订过，所以他在为《毛泽东诗词选》写《出版说明》时特意指出：“其中虽可能间或有因作者忘了，未及再看到和考虑修订的。”

关于“张冠道中”地名有误的质疑，吴正裕阐述：为了答复读者的质疑，他和李捷于 1998 年走访了陕北。子洲县史志办主任张俊谊告诉说，他参加过榆林地委宣传部组织的《毛主席转战陕北》一书的写作，曾经沿着毛泽东转战陕北的足迹走过一次，采访过有关人员，掌握了一些资料。判断《张冠道中》描写的景物，符合毛泽东的行军状况。为避敌机侦察、扫射和轰炸，毛泽东率中央前委在转移到靖边县青阳岔之前，一直是夜行军。当时陕北春寒料峭，他们沿着淮宁河川西行，道路越来越难走，战马也骑不成，只好摸黑步行，饱尝了行军之苦。4 月 3 日早晨，他们转移到涧峪岔的庄窠坪。毛泽东和房东薛老汉拉了话，并且还问了地名。陕北人把“庄窠坪”读成“张果坪”。陕北方言说“庄窠”，毛泽东误听成了“张

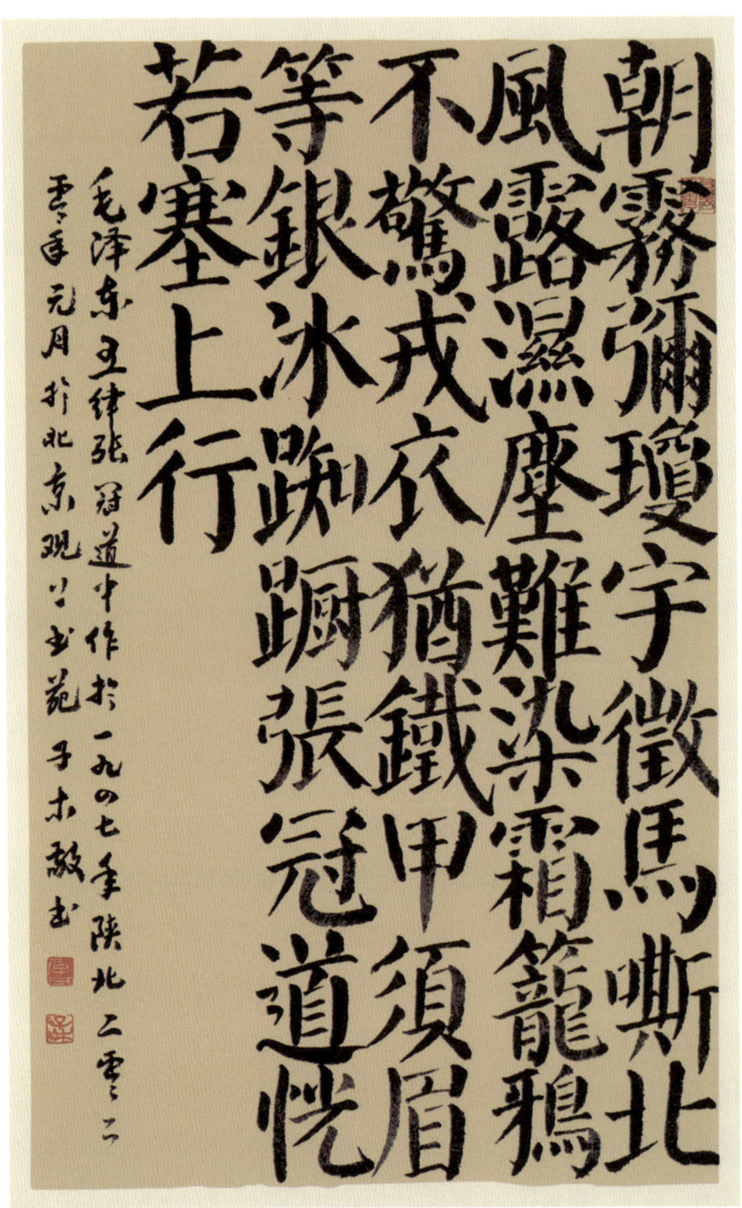

五律·张冠道中
水墨纸本 / 60cmx96cm
诗词作者↓毛泽东
书法作者↓子木

冠”。张冠道，即庄果道，也就是淮宁河道。笔者听了觉得这些情况对理解《张冠道中》一诗很有帮助，特别是“庄果”同“张冠”读音相近。就请他再调查一下，写篇考证文章。后来他写了《张冠道考》，明确《张冠道中》是 1947 年转战陕北时，毛泽东和他的战友们在陕北高原上行军的实录。

我认为这个考证是有道理的，有说服力。入诗的地名不一定与实名一字不差，一是诗人向当地村民问地名，村民未必告诉毛泽东如何写，更有可能老乡不识字写不了；二是诗人是南方人，“庄”“张”二字的读音分辨不清，在诗人看来“庄果”同“张冠”是谐音；三是诗人可能为了协调平仄，或者是为了阅读更流畅，故而未用实名入诗，也在情理之中。

至于《张冠道中》的景物描写，有人认为与季节不合，说陕北的 3 月下旬虽然气温还不高，但也已是初春天气，没有那么严寒。吴正裕查询 1993 年出版的《子洲县志》记载：本县春季多风，盛行偏北风；晚霜终于 5 月 28 日；春季温度很不稳定，西伯利亚极地干冷气团仍不断南下侵袭，4 月下旬亦可骤然下雪。

跟随毛泽东转战陕北的机要秘书高智也说：《张冠道中》描写的景物，同他当年转战陕北初期看到的完全一样，军衣冰冻似铁，人的须眉都变白了。他曾在《东方红诗刊》1997 年第 4 期发表的《读五律〈张冠道中〉》的文章中说：1947 年 3 月 18 日撤离延安，在此后的近 20 天里，为避敌诱敌，多在晚上和清晨行军。这时的陕北，仍较寒冷，西北风一刮，昼夜温差很大，有时可达零度，一些深山背阴处还有结冰，早晚常有霜露浓雾。

《张冠道中》一诗的景物描写，有力地证明了此诗为转战陕北初期的毛泽东所作。诗中描写春天的早晨有雾，夜晚开始有露，夜深有浓霜，须眉结冰，这是陕北春天昼夜间特有的气象变化。

……

通过吴正裕对《张冠道中》的研究与分析，加上我亲自沿着毛泽东转战陕北走过的地方进行寻访，尤其是在庄窠坪进行深入了解时，在与房东和村民交流中，他们说的“庄窠坪”

三字，确是也让我辨别了多次，经过陕北人的翻译和解释，最后才确定了这三个字的写法。另外，从李家岔镇石家湾到涧峪岔镇庄窠坪村，一路上的风雨颠簸，既感受到了陕北黄土高原的行路艰难，也体会到了气温和天气的骤然变化。

……

我寻访到涧峪岔庄窠坪的时间是 4 月 20 日，仅就同一月份而言，比 71 年前毛泽东转战陕北到达庄窠坪的时间晚了 17 天。我们在山峁上行走时，在下雨之前，气温是适中的，但下雨之后，气温就会迅速下降许多，感觉非常寒冷。加上现在地球气候逐年变暖，因此说，诗中对天寒的描写一点也不夸张，恰恰是吻合的。通过各方面的亲身经历和感受，佐证了《张冠道中》是毛泽东作于庄窠坪的合理性。

雨中写生毛泽东在庄窠坪住过的窑洞

毛泽东在涧峪岔庄窠坪的旧居，周围的空间实在狭小。在窑洞右前方的一个斜坡上，有一块很小的地方，勉强能看到这 5 孔窑洞的面貌。经历过无数次寻访，我早已习惯了这类废弃窑洞的荒凉景象。虽然时间已经很紧张了，我仍不急不躁地支好画具，将宣纸固定在画板上，之后便很快进入安静的写生状态，身旁其他人的说话声渐渐淡出了我的世界。

我正仔细观察并以水墨记录面前这 5 孔破败不堪的窑洞，画了不多会儿，天空中又突然落下雨点来，我仍然若无其事地继续写生。在旁边看我作画的刘亿说了一声：“去拿雨伞”，他便走了，我也没顾上应一声。不一会儿，他回来说，任长安不知开车去了哪里，雨伞没有拿回来。为了抢时间赶紧画完，我也顾不上下雨的事情了。

房东高翠兰把老伴儿薛秉贵送回家，又回到旧窑洞这里，见我在雨中画画，就问我：

“下雨还要画啊？要不要回家去拿把雨伞来？”

“这种情况也都习惯了，不用拿了，一会儿就画完了。”

我嘴上虽然这样说，但还是希望有把伞能遮挡一下，自己淋雨没什么问题，就是担心雨水溅起的泥水弄到宣纸上，那样，画就可能被毁掉了。高翠兰大娘见雨越来越大，说了一句话就走了。

此时，雨突然又大了起来，我自言自语：

“麻烦了！麻烦了！看来真的画不成了。”

雨水已经把宣纸打湿了一大片，我正犹豫是收工还是继续画的时候，高翠兰大娘小跑着把一把浅绿色的雨伞送了过来，我连连道谢。

庄窠坪毛泽东旧居现状（2018 年）

刘亿为我着撑着雨伞，我继续小心翼翼地写生。

雨伞有点小，遮挡了画就遮挡不了我，即便这样，大雨在风的怂恿下还是大面积地打在画面上。雨滴砸在泥土中，溅起的泥水裹着细碎的杂物将宣纸的下端弄得一塌糊涂。遇到这样的不利条件，我只能加快速度画。

经过一个多小时的煎熬，总算在与风雨的斗争中画完了大部分内容。之后经过记忆和整理，《子长涧峪岔毛泽东旧居》写生稿算是完成了。画面左边的那孔小窑洞，因为被前面的房子遮挡，看上去是 4 孔窑洞，实际是 5 孔。

写生稿勉强完成后，发现所有的物品都被雨水淋湿了，当然也包括我。我们匆匆收拾起画具，然后去给高翠兰大娘送雨伞。我们在村头找到了毛泽东旧居房东的家。一进入宽阔的院子，见院子里还种有各种蔬菜。显然，他们这是搬出旧窑之后，新建的一处大院子，很有生活气息。

高翠兰见我们冒着大雨来送伞，她赶紧走出来要我们进窑洞里歇息。在窑洞门口，我将

子长涧峪岔毛泽东旧居
水墨设色纸本 / 68cmx69cm
写生地点→陕西省延安市子长县涧峪岔镇庄窠坪村
写生时间→ 2018 年 4 月 20 日

雨伞交给翠兰便要谢辞。高翠兰大娘听我说要走，她一边说避避雨再走，一边拉我们进入窑洞。其实我心里正在发愁，这么大的雨天，天又黑了，是住在涧浴岔镇上呢？还是回子长县城呢？

拗不过高翠兰大娘的热情挽留，我们只好留下来再待一会儿。

庄窠坪毛泽东旧居房东薛秉贵全家福合影（2018年）

坐在椅子上的薛秉贵见我们的到来，缓缓地站了起来，并要老伴儿给我们烧水泡茶。

薛秉贵老两口住的窑洞，虽然与陕北大多数农村人家没有很么区别，但收拾打扫得很干净整洁。我盯着墙上的一张全家福照片看了许久，能够感受到，这是一个儿孙满堂的幸福之家。

一杯热茶，瞬间驱赶走了春雨寒意。

薛秉贵和高翠兰说，他们有5个儿女，都在外面工作，孩子们都很孝顺，常回家看望他们。他俩似乎异口同声地说，这是托了毛主席的福气了。

陪着两位老人聊了一会儿，我再次向他们表示祝福和感谢并向他们道别。在暮色风雨中，我们踏上了返回子长县城的路。

毛泽东深夜转移到石家湾

夜行趣聊话勇敢

4月3日深夜，毛泽东、任弼时率中央前委，匆匆离开了涧峪岔庄窠坪。在乌黑的夜色中，沿着淮宁河的川道向西边的石家湾村而去。通往石家湾的道路崎岖难行，毛泽东和战士们深受夜寒之苦。微弱的火把，还能模糊地照见人的面目，战士们为了排解疲劳和寒冷，一面加快步伐急行军，一面说起了哪个部队打仗最勇敢的话题。

“这个问题好啊，你们说说哪个部队打仗勇敢啊？”毛泽东听到战士们议论，也饶有兴致地问身边的警卫员。

“咱们的部队，人人都是好样的，打起仗来都很勇敢！”有一名战士高声答道。

“那当然啦！就拿我们新四旅来说吧，就特别能打硬仗！”另一个战士精神抖擞地说道。

“阎长林同志，你是新四旅来的，你谈谈新四旅打起仗来为什么那么勇敢？”毛泽东指了指阎长林温和地问道。

阎长林似乎一下子被问住了，没缓过神儿来。他在新四旅好几年了，还从来没想过这个问题。他侧昂着头想了又想，像是在问天上的星星，但它们今晚都不“值班”。他突然满怀底气地回答道：“是党和毛主席领导得好！”

“有党的坚强领导，部队战斗素质就会好，这是最根本的。我们的革命队伍都有这个特点呀！”毛泽东说道。

“我们新四旅还真有些不同，队伍里有很多我们河北人。”阎长林骄傲地说道。

“河北人，也不一定都能打仗吧！三国的时候，河北名将有颜良和文丑，不是被山西的关云长给杀了吗！”毛泽东摇摇头说道。大家听了哈哈大笑，阎长林也有些羞涩地笑了，深深的山谷中回荡着快乐的声音。

“能不能打仗，不在于是哪里人。国民党的兵最不能打仗，可是一旦被我们解放过来，经过阶级教育和诉苦运动，使他们懂得为什么打仗和为哪个阶级打仗的道理，就会变成能打仗的好战士。”听了毛泽东的简单又深刻的说明，大家都露出了透亮的神色。

毛泽东和战士们在夜行途中喜笑颜开，不知不觉中已经走了五六十里路。这时，先前在石家湾找好驻扎地的人员，又赶来迎接毛泽东和中央前委，说前面不远就要到达目的地了。大家一听，想到马上就可以宿营休息了，更加兴奋起来，步伐也觉得轻快了许多。

4 日凌晨，毛泽东、任弼时率中央前委安全入驻在高山中的一座小村庄——石家湾。前委人马住进了冯正德家，总算可以好好地睡一会儿了。石家湾村，是毛泽东和党中央转战陕北后的第 10 个住处。

寻访石家湾毛泽东住过的窑洞

2018 年 4 月 20 日上午，我们离开了位于子长县李家岔镇枣树坪村谢子长故居，又马不停蹄地去寻找 1947 年毛泽东在石家湾住过的窑洞。我们在山路上行走了几公里，找到了李家岔镇，下车打听才知道，石家湾村在镇子的最北面，还有 20 公里的路程。4 月份的季节，陕北的黄土高原，正处于春色朦胧时，深褐色与土黄色是高原的主色调，偶有绿色冒出来。半个小时后，我们终于找到了石家湾村，在公路边上，有一个大大的院子，以为是村委会，其实是李家岔镇在石家湾设立的服务站，因为这里离镇子实在是太远了，为了便于服务周围村民，特别设立了这样一个机构。院子里只有一排 10 孔新窑洞，有十几名干事在这里工作。

在院子里找到了一位年轻人，我向他打听石家湾毛泽东旧居的具体位置。年轻人二话没说，答应带我们去找，同时给村里的人打电话，说一起去。不一会儿，院子里会集了两位年轻人和一位老汉。他们开车前面带路，我们紧跟其后，经过几道弯路，在一条深沟的上面，两辆车钻进一条很狭小的沟里。我向村子环视一遍，石家湾村处在一个深沟的上坡与高山之间，高高低低，层层有窑洞，而所有的窑洞和院落都已破败不堪，荒废已久。东倒西歪的古树，也像被遗弃的老人一样，紧紧地抓着似乎随时可能坍塌的土崖。此处的深沟虽然没有流水，但比其他地方要潮湿很多，使高坡上废弃的窑洞院落里，长满了一米多高的芨芨草。两个年轻人先爬上陡峭的坡地，然后又一一将后面的人拉上去。在最高处的一排石窑面前，大家停下了脚步，老汉说这里就是 1947 年毛泽东住过的窑洞。眼前出现的一排 5 孔石窑，紧紧地依附于背后的高山中，有的窑洞没有了门窗，剩下的也是残垣断壁，好不荒凉。

我将画具放在草地上，然后走进每一孔窑洞里细细查看，里面更是杂乱，大水浸泡后，一片狼藉，随处是脱落的泥土。窑洞里，已难以探寻到当年的痕迹。窑洞外的几个人，或站或坐，围在一起，聊起尘封近一个世纪的往事。随后，我加入他们之中。

冯志玉，76 岁，曾任石家湾村书记 32 年，身体硬朗。38 岁的李东升和 32 岁的白阳都是李家岔镇干事，在石家湾服务站工作。通过与他们的交流了解到：

4 月 4 日凌晨，毛泽东和中央前委来到石家湾。石家湾村下有沟壑，叫火石沟，上有高山，而且山连山，是个非常隐蔽的地方。毛泽东到达之前一两天，就有人提前来看了，当时的村长李应魁领着队伍上的人找到冯正德家，动员他腾出两孔窑来。冯志玉指着右边 3 孔石窑说，那是原来的老窑，毛泽东住在中间一孔，左边一孔给战士们休息用，右边一孔是房东自家人挤在一起。左边两孔石窑是 20 世纪 50 年代新接的，现在看，毛泽东旧居是 5 孔窑的右数第二孔。

石家湾旧村废弃的窑洞（2018 年）

那日天亮以后，还不见窑洞里的人出来，但是满山都站着警卫员。毛泽东是下午离开这里的，走的时候骑着一匹白马，旁边跟着一个女的，后来知道是江青。毛泽东走的时候，是石家湾村里的冯爱德给带的路，去了青阳岔。毛泽东他们前脚刚走，胡宗南就追过来了，漫山遍野都是国民党兵。

“当时有谁见过毛主席？当时的情况现在村里

作者在石家湾毛泽东住过的窑洞前与村里人聊转站陕北往事（2018年）

还有亲眼目睹的吗？”我问冯志玉。

“当时，村里人以为是敌人的部队来了，都害怕得跑的跑，躲的躲。房东家人提前知道的情况，但为了保密，也不能说。冯正德应该见过毛主席，听说他那天给主席送了10个鸡蛋，主席送给他一盒香烟，好像还给他了什么东西，记不清楚了。其他也有人见过毛主席，不过大多是毛主席走了以后才知道的，现在这些人基本都不在了。”

“房东冯正德他们家是什么情况？他的后人都去了哪里？”

“当时，冯正德是共产党员，他的二弟当红军走的，后来不知音讯，好像给追认了烈士；他的三弟也当红军落下了病，回到村里后就病死了；他的四弟后来去了瓦窑堡儿子家；孙子在子长县。现在石家湾没有他们家后人了。”

“这个村子是不是都空了？村里人都搬哪去了？”

“这个村子本来就不大，原来也就十几户人家，因为这里进出很不方便，后来在对面比较宽阔的地方逐步建起来新村子，这里的人家也就陆续都搬到新村去了。”

空谷回荡绘沧桑

身处废弃的石家湾旧村子里，虽然处处留下的都是厚厚的沧桑，但放眼远望，群山环绕，恰是一处妙境，是写生的好地方。此处若画毛泽东住过的窑洞，还不是很好选位置，原本是

子长石家湾毛泽东旧居
水墨设色纸本 / 46cmx69cm
写生地点→陕西省延安市子长县李家岔镇石家湾村
写生时间→2018 年 4 月 20 日

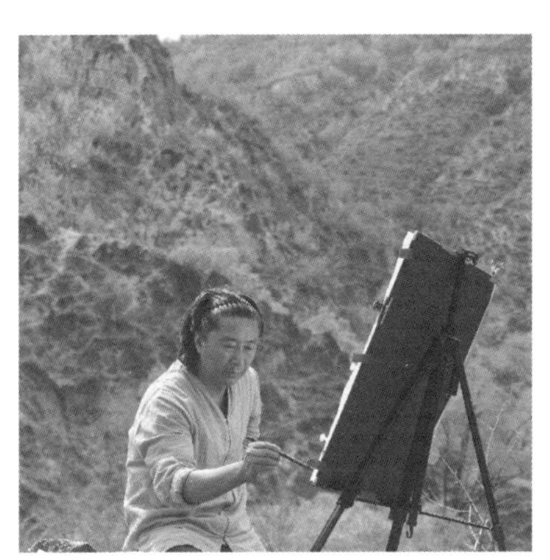
作者在石家湾毛泽东住过的窑洞前写生（2018 年）

院子的那块草地左右长，但前后纵深短，视野不够。我找来找去，最后定位在左边一处旧窑洞的草地上，草地下面是下一户窑洞的房顶，边缘是一道东倒西歪的石墙，也是一个险处。

我将画架支在废弃的石墙边上，坐在石墙上侧着身子描绘眼前的景象。其他人坐在不远处，一边看我写生，一边聊着村里村外的趣事，偶尔我也会插上一两句。

听他们说，附近有大郎山、二郎山、三郎山，还有三郎庙等古迹。杨二郎是子长民间崇祀极盛的“显神”之一，尽管人们对其来历不甚明了，其信仰源于杨家将的传说。本地民间传说杨继业之子杨二郎和杨三郎曾在子长与金兵对阵，此说是否真实，对于民间传说来说，不太重要，生活中多一些趣闻故事总是好的。我问两位年轻人，本地村民都有哪些经营，他们说，村里大多数人都去外地工作或做生意，留守在村里的人不多，不过这里有养殖业，养猪的比较多，再就是一般的农业了，种种地。他们服务站的工作，就是帮助农民处理一些资金、物资和种植等方面的事情。

在大自然的爽朗怀抱中，大家愉快地聊，我放松地画。两个多小时后，写生稿《子长石家湾毛泽东旧居》基本完成，此时已是中午一点多了。李东升跟我说附近没有饭馆，就到服务站随意吃一点。就这样，我们一起回到服务站小食堂吃汤面，大家都饿得肚子咕咕叫了，几个人足足吃了三大盆面条。填饱了肚子，我要给服务站付伙食费，他们坚决不收。说一顿粗饭，哪能收钱，就算有路人饿了，来这里吃碗饭充饥，也是应该的，何况千里迢迢跑这么远的路，来这里找毛泽东住过的窑洞。

周恩来历险赶到青阳岔与毛泽东、任弼时会合

青阳岔革命旧址很特别

4 月 4 日下午，毛泽东、任弼时率中央前委离开子长县石家湾，沿着怀宁河西行，于 4 月 5 日凌晨到达靖边县青阳岔村，住在王锦绣家的窑洞。青阳岔，是中共中央转战陕北后的第 11 个驻扎地。从石家湾到青阳岔有 25 公里，现在有了一条平坦的乡村公路，寻找起来方便了许多。但是在那个年代，别说是公路了，就连山间小路也是时隐时现，加上黄土高原地形复杂多变，后面又有胡宗南的追兵，使得毛泽东和中央前委行动异常艰难。

毛泽东住进青阳岔的小土窑洞里后，向全党、全军发出的第一句话就是："陕北地形险要，群众基础好，回旋余地大，安全问题完全有保障！"

2018 年 9 月 30 日下午，我们一行 4 人从子洲县高家塌村出发，沿着毛泽东和中央前委转移的路线向西行进。去年我已经寻访过了子长县庄窠坪和石家湾，这次路过曾经到过的地方，仍然记忆犹新。我们在即将到达青阳岔的路上，突然看见一条宽阔的水库，水是碧绿色的，两岸的山色风格独特，山腰处随处可见废弃的窑洞，远看都是黑洞，不知道的还以为是野兔子窝呢，这儿应该是淮宁河上的一处宽阔的水湾。见此特别之处，我是一定要看的，我带上相机，从车上跳下，顾不上杂草和难以预料的土坑，向坡下飞奔而去。

同行的人对我突然的举动感到惊诧，当我尽兴回来后，他们说："平时沉闷少言，动作跟蜗牛似的你，怎么跑起来这么快，哪像个快要五十岁的人！"

我心想，你们哪里懂得，水对于陕北来说意味着什么！

青阳岔革命旧址就在青阳岔镇的公路北侧的一个小院子里，夜色中仍能看见那座毛泽东站立的塑像。看门人朱子兴老汉告诉我说，上面就是中央前委旧址，有毛泽东旧居。我打听好了具体位置，然后在镇上的一家小旅馆住了下来，又饿又疲惫的 4 个人，狼吞虎咽地"消灭"了四大碗饸饹面。

淮宁河上的一处宽阔水湾（2018）

次日一早，我就迫不及待地去了青阳岔革命旧址，在院子里瞻仰了毛泽东雕像之后，背着画具登上一段石台阶，左拐以后，就见一处很别致的小院。朱子兴说，毛泽东是4月5日来的，住在王锦绣家，在这里组织陕甘宁边区制订作战计划。六几年的时候，政府每孔窑出35元收下了王家的窑洞。纪念馆是2008年开始修缮的，2014年对外开放。这里平时来人不多，大门和窑洞门在白天都是打开的，可以自由参观。朱子兴能告诉我的只有这些，这哪里能满足我的好奇心。

我一走进院子里，看到的窑洞竟然如此特别，以往所见，窑洞都是直直的一排，这里则不然，在7孔正窑之间，有两孔是凸出的，相隔两孔之间便凸出一孔。凸出的窑洞没有门，只有窗户，它们的内部有门与其他窑洞相通。此处窑洞虽为土窑，窑内空间也很狭小，却感觉异常坚固，经过修缮之后，里里外外非常整洁，可同时也失去了原汁原味的古朴。

青阳岔毛泽东、陆定一旧居现状（2018 年）

毛泽东居住的窑洞为左数第 2 孔，与右边陆定一旧居相邻，第 5、第 6 孔分别为周恩来、任弼时旧居，其他窑洞为机要室和警卫室。

青阳岔毛泽东住过的窑洞内部现状（2018 年）

青阳岔王锦绣家的窑洞为何这样奇特呢？后来通过房东后人了解到，王家最初挖土窑的时候，是按照 7 孔来挖的，但因空间比较小，王家人出了个高招，窑挖好后，又在 7 孔窑的左一和左四窑口处向外延伸，箍出了两孔窑，这两孔窑洞的空间就增加了一倍。这样不仅解决了多住人的问题，还意外地增强了安全保障。王家后人对箍的两孔窑为什么没有门的问题做了这样的解释，这两孔窑本来是有门的，后来王家窑洞归了区公所以后，在修建成青阳岔革命旧址时，为便于管理就把门给堵上了，只保留了上面窗户部分。

面对这样一处特别的窑洞，我自然要多多仔细观察，里里外外看了好几遍。毛泽东等中央首长住过的窑洞内空间除了异常狭小外，各个组成部分还很不规则，能够得出来，原来除了一些像桌子、椅子等小件家具是搬进去的，各种物品的储存间都是掏出来的，这倒省了不少大件的家具。窑洞内的陈设，与陕北其他地方大同小异，不同的是，此处窑洞格外小。窑洞内的展品，除了一些油灯、桌椅等老物件以外，还有几幅转战陕北时候的老照片，文字介绍并不多见。

能看的都看了，然后我该写生了。青阳岔革命旧址是一个独门独院，它所处的位置被很多东西遮挡着，远处无法画它，我只好在院子的一个角落里支上画架，开始观察、酝酿、思考。

水墨画追求的是自然美，太直白的东西不是笔墨愿意表达的。如在其他地方一排窑洞直来直去，画起来其实是很尴尬的事情。而青阳岔革命旧址的窑洞满足了水墨画的特质，所以我画起来感觉轻松自如，一下子放开了手脚。除了院子里的窑洞、大门和树木通过真实地记录描写，后面的山峁有意识地进行了变化。根据画面的需要，既保持了旧址的原貌，也增加一些笔墨韵味。这幅写生稿很顺畅地完成了，顺畅到忘了身外的一切事物。画完之后，当我要站立起来的时候，发现全身都冰凉、僵硬，双腿已经麻木得无法站立。听说腿肚子转筋能痛死人的，那一刻我真的相信了。

青阳岔革命旧址窑洞内部相通（2018 年）

青阳岔革命旧址之周恩来旧居现状（2018 年）

青阳岔周恩来住过的窑洞内部现状（2018 年）

青阳岔中央机关和毛主席旧居
水墨设色纸本 / 138cmx70cm
写生地点→陕西省榆林市靖边县青阳岔镇青阳岔村
写生时间→ 2018 年 9 月 30 日

青阳岔中央机关和毛主席旧居
一九四七年转战陕北中央机关和毛主席
分别于四月五日至十三日和八月一日至二日在
靖边县青阳岔住过的窑洞今貌

三寻青阳岔革命旧址房东后人

第一次去寻访青阳岔革命旧址房东后人，在镇上打听了许多人，有人只知道房东后人在靖边县城或其他什么地方，不知道他们的具体情况。第二、第三次去寻找，是时隔一年后的2019年10—11月。从延安到榆林，再到靖边县，一路寻访。在榆林市工作的朋友张九平热心地帮我联系到了靖边县那边的人，我需要了解的人和事可以请他们帮忙。我们从榆林出发，经过了一段不同于黄土高坡的毛乌素沙地，虽称为沙地，但早已没有想象中的荒凉景象，植被覆盖了荒寂，绿荫与金色点缀着美丽的西北高原。从榆林到靖边，在古代虽为边界地区，这里却蕴含丰富的石油、煤炭和天然气资源。富裕起来的地区，在提高人民物质生活的同时，政府也大力推动文化艺术发展和绿化环保建设。

到了靖边，我深刻体会到了经济决定文化的道理。

靖边县的文化艺术做得不是一般的好，这令我非常惊讶。这里的朋友刘昊自豪地说："陕北艺术看榆林，榆林艺术看靖边。"靖边的文化艺术近几年发展特别好，很重要的因素是县领导非常重视文化艺术。刘昊带我参观了他们正在筹备的书画艺术作品展，看了他们的作品，不得不赞叹，尤其是书法，放在全国都是高水准的。这些年他们非常注重少年儿童的书画教育培训，刘维平在展览现场欣慰地说："我们靖边的文化艺术后生可畏！"

邱小明和刘亿在帮我联系青阳岔革命旧址的房东后人。经过多方打听，他们终于联系上了青阳岔革命旧址的房东后人，但是人却去了榆林，第二天上午才能回到靖边县城，真是有点开玩笑的感觉。这次要留遗憾了，因为事先已经约好了要到西安去采访一位老革命战士和陕北民歌歌唱家杨巧，没法等了。

寻访之路可以用"往返"、"迂回"、"交叉"、"复察"四个词来形容，这就是我的转战陕北。

……

五天之后，我又从西安，经延安再次来到靖边，2019年10月28日早晨，我终于见到了青阳岔革命旧址的房东后人。在靖边县城，86 岁的王志强和 51 岁的王胜科接受了我的采访。父子二人一听说我是问毛泽东住他家窑洞的事情，都有些激动，争先恐后。

“中共中央在青阳岔时，毛主席他们住的窑洞是王锦绣的，他是我大伯，弟兄几个，他是老大。我爷爷是青阳岔区委书记，叫王正鸿，三伯王锦文是区长。毛主席和他们在一起讨论了转移群众的问题。区营长谢志贤主管安全，类似现在的县武装部。我的父亲是王锦华，排行老五，是青阳岔村长，帮助区政府派牲口、收粮草、协助部队转移。那时爷爷、父亲和几个弟兄都住在一排窑洞，过去不分家。毛主席来了后，我们家的窑洞给了区公所办公用。为了中央前委和毛主席的安全，要求严格保密。我们家在村子下面还有窑洞，所以就都搬到下面去住了。”

王志强说话不仅语速快，还容易激动，东一句西一句地拦不住。虽然听力不太好，但头脑还很清晰，记忆力很好。

“陈赓也来了。我是当兵回来的，现在也下岗了，我喜欢了解那段历史。”

王胜科说话虽然比较清晰，但性格也随他的老子。父子二人你一言，我一语好不热闹。

“我大伯王锦绣，1931 年参加了革命。谢子长领导的陕北红军在青阳岔成立了 13 支队，王锦绣在 13 支队当兵，后来当了支队长。解放靖边旧城的时候，大伯担任一连连长。”王志强说。

青阳岔革命旧址房东后人王志强、王胜科父子讲述往事（2019 年）

“我们那时是个大户人家，为了防御土匪，保家护院，家里有保安团。陕北红军来了，有人说爷爷他们捐了 13 支枪，于是就成立了 13 支队。爷爷亲口说过，实际上捐了 7 支枪，是乡亲们传来传去给传成 13 了，这样不就跟 13 支队给关联上了吗，咱还是要实事求是。”王胜科说。

“1935 年，张学良、杨虎城奉命进攻中央红军，老山战役在甘泉打响了。那时，王锦绣是正营副团，在战斗中牺牲了。部队上来人通知我们家里，村里人用牲口去把尸体驮回来，安葬在青阳岔。我们家第二个牺牲的是王志民，他是王锦绣的二儿子，在游击队上病故的，死后被追认为烈士，享受国家补助。”王志强说。

“还有呢”，王胜科插话说：“我二爷爷的儿子王志昌，是在定边石肚子沟战役中牺牲的，当时任三排排长。王志昌的尸首拉回来后，安葬在自家老坟，没有进祖坟。在旧社会，我们陕北有严格的家规，单身的男人或成家却没有儿子的，死后是不能埋进祖坟的。王志昌生前虽然成了家，但生的是个女娃娃，他牺牲后婆姨改嫁了，把孩子也带走了。为了能让烈士进祖坟，我们家里人四方打听，好几年后才碰到一个单身的女尸，两家人商量好以后，按照村里的习俗，举办了阴婚仪式，这样就算是在阴间成家了。当我们给王志昌的尸首迁坟的时候，身体已经腐烂，只有骨头和头发了，这时才发现在他的胸前有一颗子弹头，说明他是被子弹打入胸部而牺牲的。当时我们家人看到这个情况，都哭了。”

王志强接着说道：“王家虽然是大户人家，那时叫地主，但很早就接受了党的思想，不仅我们家为革命做出了很大的牺牲，在青阳岔村里，有很多家庭都有牺牲，包括附近的村子也是如此。那个年代，靖边的斗争形势很艰苦，红白两军对垒，最终老百姓跟了共产党，跟了毛主席。”

父子二人对往事说得看似很轻松，但我听得却非常沉重，我都不知道该用什么语言来表达当时的心情，面对他二人，最后我只说了四个字：英雄家庭！

在告别王志强和王胜科的时候，老爷子又回身告诉我一件事，毛泽东在靖边小河的时候，住贾树堂家的窑洞，王志强的姐姐是贾树堂的儿媳妇。

周恩来跋山涉水历险赶到青阳岔

早在3月28日的王家坪会议上，决定中央留在陕北。周恩来由王家坪去晋西北布置工作，从此与率领中央前委的毛泽东、任弼时分别近一个月了。

靖边县党史办74岁的退休干部张永春老先生，在向我讲述中共中央在小河召开会议的情况时，我们不知不觉地说到了周恩来赶到青阳岔与毛泽东会合的往事。

周恩来由汪东兴等人相伴，从子长县王家坪一同去了河东，遵照中央的指示，在晋西北临县三交镇成立了中央后委。通过十几天的紧密工作，把河东的诸多问题安排好了之后，就准备返回河西，追赶转战陕北的中央前委。那天，连日奔波的周恩来正在沉睡，按计划早该上路了，但是李克农和汪东兴怎么也不忍心叫醒他。时钟在一分一秒地转动，深知周恩来秉性的汪东兴还是把他叫醒了。

周恩来起来看了看手表生气地说道：“怎么才叫醒我？”

汪东兴连忙解释：“必成同志，不是不想叫醒你，我们看你太劳累了，想让你多睡会儿。”

“你们只知道让我多睡会儿，没有想到河西的工作吗！”

周恩来说罢连饭都没有吃，翻身上马直奔黄河而去。乘船过了黄河之后，又坐上一辆大卡车向绥德方向驶去。汽车行至义和镇时，已经离绥德很近了，周恩来让汪东兴去村子里找邓杰，看看马匹准备好了没有。找遍全村也没见到马的影子，后来遇到一位老汉说村子里的马和骡子都躲进山里了。周恩来听此情况，也顾不上批评汪东兴了，就吩咐大家说，敌军已经离这里很近了，赶紧下车，背上物品徒步走吧，再不走，我们都要被敌军抓了。周恩来提着装满文件的大箱子，同两名警卫员步行向绥德以西的青阳岔方向转移。刚没走多远，他们看见有一匹马和一头驴驮着电台走过来了，原来是中央前委设在绥德的秘密电台也转移出来了。汪东兴赶紧跑过去问询情况，并跟驮电台的人商量能不能把马匹让出来。运送电台的战士告诉汪东兴说，敌军已经到了清涧县，很快就要进攻绥德了。负责电台的战士认为电台最

★ 周恩来：敌情很紧了，我们必须尽快赶到青阳岔去，与毛主席汇合！

重要了，说什么也不肯让。汪东兴回头看着焦急的周恩来，赶紧跑回去向他汇报了情况。

周恩来戎马半生似乎从来没有像今天这样紧张过，他焦急地跟汪东兴说道：“敌情很紧了，我们必须尽快赶到青阳岔去，与毛主席会合。我写个条子给他们领导，告诉他们马和驴让给我们用，让他们把电台搬上我们的汽车撤走。”

汪东兴听罢，立即又跑过去把周恩来的话转达到，负责电台的战士一听有汽车可以坐，当即就答应了。那么，为什么周恩来不能继续坐汽车去青阳岔呢？原因很简单，一是当时没有通往那个方向的公路，二是汽车目标太大。汪东兴的主要任务就是保障中央前委和首长们的安全，所以宁肯徒步，也不会冒险，这是朱总司令临行前在枣林则沟对汪东兴、叶子龙、阎长林的嘱托。只有一马一驴，只够将就驮东西的，周恩来没有马骑，仍旧步行。大家徒步走到子洲县，县委帮助找来了马匹，这样周恩来才有马骑了。

周恩来和汪东兴及另一名警卫员人跋山涉水，历经险境，终于在4月10日赶到了青阳岔。

那天，毛泽东正在青阳岔镇上散步，看见有一家门店，顾客还挺多，便好奇地走了过去坐在一条板凳上，微笑着问店老板：

“老乡，生意好吗？”

“生意可以着呢，就是敌人不想让我们过好光景哩。”

“蒋介石、胡宗南想要在陕北消灭我们，不过那是痴心妄想。不过你们做生意的目标明显，要学会躲避，不要硬碰硬，那样会吃亏的。该藏的要藏，不要让敌人得到便宜。我们解放军很快就会打回来的，那时你们就可以安生做生意了。”

街上的人见有一个大个的威武汉子讲得很有道理，就都凑过来听。

“我们的队伍是为老百姓服务的，这一点是不会变的。刚才我跟店老板说了很多，大家可以跟他聊。”毛泽东说完起身要走，又突然告诉阎长林：

“我们的牲口也在他家店里喂养，一定要给店老板付店钱。”

毛泽东刚刚从镇上回到住处，就听警卫员报告说周恩来从河东赶来了。

今日青阳岔小镇（2018 年）

毛泽东一听周恩来回来了，赶紧放下刚刚拿起还没来得及翻阅的书，大步迈出窑洞，紧紧握住他的双手："你可回来了！我和史林同志以为你可能被敌人挡住了，过不来了！"

周恩来激动地说："是呀，可算又回到党中央，见到李得胜同志了！一路上还算是顺利吧，不过，要是再迟一个小时，如果胡宗南占领了绥德的话，我们就要绕道走了，危险的事情随时都有可能发生。"

这时，任弼时、陆定一也都闻讯赶来，握着周恩来的手问寒问暖。

周恩来到青阳岔与中央前委会合后的当天晚上，中央前委即刻召开会议。会议主要讨论中央前委的组成问题。由于近来胡宗南的部队追得更近了，安全成了当下的最大问题，为了便于保密和安全，再次强调了中央首长使用化名和中央前委使用代号的重要性。会议决定：中央前委代号为九支队，下属为：支队司令部为一大队，任弼时任司令员，化名史林，政委陆定一，化名郑位。一大队包括参谋值班室、机要科、警卫科、行政处、卫生处、调查组和军委作战室。参谋长叶子龙，副参谋长阎长林，政治部主人廖志高，作战部李涛，卫生处黄树则，机要科吴振英。二大队负责情报工作，由胡备文负责。三大队负责通信联络，由崔林负责，包括电台、电话等。四大队就是新华社，由范长江负责。中央警卫团团长刘辉山、政委张廷祯负责中央前委的警卫任务。

胡宗南的部队已经逼近青阳岔。

4 月 13 日上午，毛泽东率领中央前委迅速撤离居住了 8 天的青阳岔，向南转移，当日下午转移到靖边县王家湾村。毛泽东和中央前委在王家湾驻扎了近两个月。

毛泽东在王家湾与老百姓发生了哪些鲜为人知的故事?

中共中央和毛泽东为何在天赐湾遭遇敌人?

毛泽东在小河村真的认下了三个干女儿吗?

毛泽东、周恩来、任弼时是怎样险渡五女河的?

毛泽东为何在梁家岔突然宣布从此不再叫李得胜?

……

请随作者走进《窑洞红光》第二部:榆林·转战,一同寻访那段更为惊心动魄的转战岁月。

寻访拾珍

在寻访毛泽东转战陕北途中，
有许多与那段历史文化相关的人和事，
同样值得珍藏！

群众领袖——刘志丹

毛泽东在瓦窑堡会见刘志丹

刘志丹（历史图片）

1935 年 10 月，中央红军经过二万五千里长征，胜利到达陕北。刚到陕北的毛泽东，了解到错误路线的严重情况，明确告诉大家：看到人民群众很懂得革命道理，政治觉悟很高，乡村政权很牢固，游击队的战斗力很强。相信创造这块根据地的同志们都是党的好干部。请大家放心，中央很快会处理好这个问题。

同年 11 月，取得了直罗战役的胜利后，毛泽东和中共中央到达瓦窑堡。在一次会议上，毛泽东听了关于刘志丹等同志被关进监狱的汇报后，气愤地说："逮捕刘志丹等同志是完全错误的，是莫须有的诬陷，应予立即释放！"并号召全体军民加强团结，一致对敌。

刘志丹出狱后，周恩来亲自派人接他到瓦窑堡。刘志丹一眼就认出了早已等在军委大门口的周恩来，快步上前敬礼。周恩来迎上去紧紧握手，两人的眼睛瞬间湿润了。刘志丹激动地说："周副主席，我是您的学生，您还带领我们打过仗。"周恩来微笑着说："我记得你，你是黄埔第 4 期的学生，我们是战友。你受苦了，你在陕北的情况我知道一些，你们的工作成绩很大，感谢你们创建了这块根据地，使中央有了落脚地。"刘志丹接着说："更感谢中央救了我和家人！"周恩来说："毛主席对你们的工作极为称赞。毛主席正等着见你呢。"

周恩来领着刘志丹上毛泽东住的院子走去，毛泽东正从窑洞里走出来。刘志丹看到毛泽东连忙举手敬礼，毛泽东也激动地向前握住刘志丹的手，久久不肯松开。毛泽东摸着刘志丹的上衣问："冷吧，快回窑洞里坐，里面有火。"三个人围在火炉旁，毛泽东安慰刘志丹："你和陕北的同志受委屈了！"刘志丹激动地说："中央来了，今后一切事情都好办了。”毛泽东又打趣地说：“对革命者来说，坐牢也是一种休息。”刘志丹说：“主席，前些年我已经坐过一回国民党的牢，坐牢对我来说不算什么。陕北的条件不好，看主席和副主席身体这么消瘦，一定是吃了很大的苦。”毛泽东说：“陕北地方穷，穷则思变嘛，要革命。这里群众条件好，地理条件好，搞革命可是个好地方呀！你们在这里搞得很不错！”刘志丹说：“我们做的事太少了，开始走了不少弯路，失败了很多次。后来听了中央和主席的教导，才做得好一点。”

……

三个人愉快地聊了许久，告别时，周恩来对刘志丹说：“中央军委已经给你们准备了住处，你搬过来住。”毛泽东说：“先休息休息。”刘志丹说：“不用休息，我能马上工作。”几日后，中央派人把刘志丹的夫人同桂荣和女儿贞娃从永坪接到瓦窑堡。中央任命刘志丹为西北革命军军事委员会副主任、红 28 军军长。

1936 年 1 月，毛泽东、周恩来、彭德怀签发了“关于红军东进抗日及讨伐卖国贼阎锡山的命令”，命令主力红军即刻出发，打到山西去。2 月，毛泽东签发东征宣言，命令各渡河突击队先头绝对隐蔽，乘夜偷渡，毛泽东亲自率领红军东征。刘志丹率红 28 军由罗峪口附近东渡黄河，挺进晋西北，奔赴抗日前线，沿途多次沉重打击阻拦红军的国民党军队。4 月，刘志丹在攻打山西中阳县三交镇时光荣牺牲，年仅 33 岁。毛泽东、周恩来听到噩耗，极为悲痛。刘志丹的灵柩运回瓦窑堡时，周恩来亲自扶灵安葬。6 月，中共中央决定将保安县改为志丹县，以纪念这位群众领袖。

1943 年，在纪念刘志丹逝世七周年时，住在延安杨家岭的毛泽东为刘志丹烈士陵园题词“群众领袖，民族英雄”。

寻访刘志丹出生地

成路，一位工作和生活在延安的诗人，自去年与他相识后，便成了挚友。无巧不成书，成路刚刚出版了一部《刘志丹画传》，而我正好要去志丹县寻访刘志丹故居，他自告奋勇地成了我的向导。

2018 年 4 月 11 日晨，我们相约在延安大学碰面，然后前往志丹县。虽然还没来得及拜读他的书，但要写一部这样严谨的革命历史人物传记，没有多年的缜密考察与研究，是很难做到的。汽车朝西北方向疾驶，大家有说有笑，而我更多的是向成路了解有关刘志丹的故事。

毛泽东与刘志丹之间，包括两个家庭之间都有着深厚的感情。1935 年，刘志丹被营救到瓦窑堡，夫人同桂荣去看望毛泽东和贺子珍。同桂荣问贺子珍："陕北冬天这么冷，主席为啥还穿着单鞋？"贺子珍不好意思地说："主席长征时冻坏了脚，天一冷就肿疼，有双棉鞋太紧穿不下。"同桂荣没有作声，回到自己住处立即赶做了一双棉鞋，委托周恩来送去，毛泽东穿上合脚的棉鞋十分高兴。

1936 年，党中央迁到保安（今志丹县），毛泽东设宴招待从白区来的女作家丁玲，请同桂荣作陪。毛泽东对丁玲介绍说："这位刘嫂子，在陕北可有名啦！"丁玲说："我来后就知道了，大家都知道刘嫂子。"直到新中国成立后，毛泽东还牵挂着刘志丹夫人及家人，曾邀她到中南海看戏。毛泽东也常常向周恩来、朱德等人提起同桂荣给他做棉鞋的事情。贺子珍与同桂荣的感情如同姐妹，她比同桂荣小 5 岁。贺子珍生毛娇娇时，毛泽东请同桂荣给接生。贺子珍说："有嫂子在，我就放心了。"后来，同桂荣收到已改名李敏的毛娇娇托人转来的一张照片，背面写着："敬赠刘妈妈留念。毛娇娇。"

……

我正听得入迷，车子突然减速，通过收费站后，下了高速路。成路告知到志丹县了，看了一下仪表，我们正好走了 100 公里。在进县城的一个路口，远远看见一座巨大的石雕，那就是刘志丹将军雕像。下面是毛泽东题词“群众领袖，民族英雄”，以及刘志丹带领红军战斗的浮雕场景。

瞻仰了刘志丹雕像，我们进到县城，成路带我们参观了抗日红军大学旧址。1936年5月，中央政治局决定创办中国抗日红军军政大学。6月1日在瓦窑堡举行了开学典礼。同月，大学随中央机关撤离瓦窑堡，迁往保安。毛泽东为抗大制定了“坚定正确的政治方向，艰苦朴素的工作作风，灵活机动的战略战术”的教育方针。

走进抗大旧址，我被眼前的奇特景致吸引，许多窑洞和房舍都是从坚硬的山石中开凿出来的，如同千年石窟一般。我正陶醉，提前联系好的志丹县文联主席肖志远打来电，说他已在前面的路口等我们了。于是我们赶去与他会合。肖志远同样是位文艺爱好者，也是诗人，他对志丹县及所有村镇，再熟悉不过了。

志丹县刘志丹广场雕像（2018年）

中国人民抗日红军大学旧址（2018年）

肖志远说，从志丹县城到刘志丹的出生地金丁镇还要走90公里，我们朝着西南方向继续寻访。大约走了半小时，车子颠簸起来，路越来越难行。在一段比较险峻的山路上，前方施工的挖掘机挡住了去路。等它让开一条缝隙，我们才得以通过。肖志远说离金丁镇不远了，过了镇子就离刘志丹的故居不远了。我期待的心早已按捺不住。此时看见路边一位与我们相向而行的老汉，穿着黑色的棉衣棉裤，用一根布条拦着腰，一手拄着拐棍，一手拎着个编织袋，驼着背缓慢地踱着步。我们5个人就像在泥沟里发现了古董一样，停车围了上去。

“老汉您好，您高寿啊？怎么称呼啊？”我从低音到高音问了几遍，老汉也没听懂，成路和肖志远便一字一句地给他翻译。

“我叫白学成，88 岁了。”老汉打一个“八”字形的手势说。大家听到这个岁数，兴奋不已，断定他肚子里有我想要的故事。白老汉说的是地道的方言，我这样的问法着实难以沟通，索性我就委托成路和肖志远替我问，我再逐字逐句地记录下来。

白学成是旦八镇石岔村村民，前几天女儿说要给他送面粉，等了几天没来，不放心，所以今天是去石财村看女儿。白学成回忆：刘志丹在陕北带领群众闹革命，创立了根据地。红军长征胜利后，党中央来到陕北。毛泽东得知陕北仍有很多妇女还裹着小脚，流脓出血，就让组织劝女人放足。我一听到放足，心中升起一股热流，说：“听说习近平总书记到梁家河插队时，也做了件了不起的事情，他亲自把农村的茅厕改造成了分男女的，把文明带进了山村。”成路和肖志远也异口同声地说：“自古以来，陕北农村的茅厕都是不分男女的，如果有人上厕所，就把裤腰带搭在墙头上，提示里面已经有人了。”我们告别了白学成老汉，又沿着洛河岸上的公路继续西行。我们又走了二三十公里，才找到刘志丹的出生地——金汤村。

作者向白学成（中）了解红军在陕北的故事，左为肖志远（2018年）

到达金汤村时，已是中午十二点多，村里没有饭馆，我们忍着腹中饥饿，先去找刘志丹将军出生的地方。村里虽然人不多，但听到有外地人来参观，陆续聚了不少人。我背上画具，随着带路人向村后的山坡上走去。我们在刘志丹出生地的院门口，见到了金汤村书记何启

刘志丹将军出生地

水墨设色纸本 / 65cmx45cm

写生地点→陕西省延安市志丹县金丁镇金汤村

写生时间→ 2018 年 4 月 11 日

军，他带我们走进一个很平坦的院子，院子靠山坡的正面一排是6孔石窑。成路说，他几年前来考察时，只有右边的三孔老窑，最右边一孔就是刘志丹出生的地方。左边三孔是后来建的，为刘志丹陈列馆。院子右侧还有一大一小两孔偏窑，是灶房和粮仓。

成路（中）讲述刘志丹出生时的情况（2018年）

后来，又来了一位76岁的村民苗春旺，这样就有四位知情人向我介绍刘志丹的故事了。

从秦到宋，金汤是边关要塞，吴起、蒙恬、范仲淹、沈括等诸多古代名将曾在这里施展才华，宋军与西夏军也曾在此数次展开激烈争夺。明代以后，金汤渐渐失去军事作用，遂成市镇，开有许多店铺，小有繁荣。清末，拔贡刘士杰在镇子上办了一所私塾学堂，他和秀才儿子刘培基收了十几个学生。1903年农历八月十四日凌晨，刘培基的儿子刘志丹在这里出生。

……

我仔细考察过刘志丹出生地旧址之后，便在院子里选个角落开始以水墨描绘这处传奇的小院。大家或看我写生，或聊着过去的旧事。画面以原始遗留下来的旧窑洞为主，基本展现了它现在的面貌。

写生之后，村书记何启军带我们到他家休息。在他家的窑洞里见到了他的父母亲，两个年迈的老人都因为有病躺在炕上，一个89岁，一个86岁。两位老人虽然不能言语，但得知有客人来，仍坚持半侧着身子看我们。不知何启军低头跟老人说些什么，他告诉我他父亲小时候见过红军，还给红军送过信，他的爷爷何占江跟着刘志丹参加革命当了红军。说到这些，全家人脸上都洋溢着荣耀的神彩。

民族英雄——谢子长

人们传颂的“谢青天”

谢子长（历史图片）

谢子长，陕北红军和苏区主要创建人之一，中国工农红军高级将领。1897 年 1 月出生于陕西省安定县（今子长县）枣树坪一个富裕的农民家庭。1919 年，先后入西安省立第一中学和陕北联合县立榆林中学读书。因受“五四”运动影响，中学未毕业就回家乡创办了一所小学，意图教育救国。1922 年秋，考入阎锡山办的太原学兵团，学习军事。1924 年，回安定县办民团，任团总。

1925 年，为联络陕北旅京之军界学界人士，反对陕北军阀，他奔赴京津地区，与陕西旅京学生中的中共党员及中共北京党组织负责人接触较多，接受了革命思想。同年，经白超然、白志诚介绍加入了中国共产党。1926 年，谢子长回安定县继续办民团，进行革命活动。1927 年任安定县地方行政会议主席团成员和农民协会促成会委员。创办青年军事干部训练班和农民运动讲习所，开展反帝反封建的宣传教育。谢子长一上任，首先将矛头指向横行乡里、鱼肉百姓的土豪劣绅，使他们既害怕又痛恨，但赢得了老百姓的格外拥护。他领导县农民协会对土豪劣绅和放高利贷者进行斗争，拘禁和审判了大土豪宋运昌、李耀辉等，赶走了全县最大的放高利贷者王玉书和马子厚，当众烧毁了文契、账簿，宣布欠债作废，废除苛捐杂税，群众都亲切地称他为“谢青天”。10 月，谢子长与唐澍等人组织领导清涧起义。1928 年领导渭华起义，任西北工农革命军军事委员会委员兼革命军第 3 大队大队长，起义失败后，回陕北开展武装斗争，任中共陕北特委军委委员。

1930 年，谢子长任中共陕北行动委员会指挥部总指挥。1931 年与刘志丹等人将南梁游击队和陕北游击支队合编为西北反帝同盟军，后改编为中国工农红军陕甘游击队，任总指挥，率部转战陕甘边，创建革命根据地。1932 年 8 月，谢子长受命率游击队南下耀县作战。此时正值敌人三路“围剿”，形势十分严峻，他摸清敌情后，当即决定“以退为进，诱敌深入”，在照金根据地腹地歼敌 400 余名，扭转了危局。在艰苦的战斗岁月，游击队经常住在四面透风的破窑洞里，缺粮少衣。谢子长总是热情地鼓励大家说：“革命就是要豁出性命才能干出名堂，老子不行交给儿子，儿子不行交给孙子，要知道，有志者事竟成，最后胜利总是我们的。”他与战士同甘共苦，放哨、煮饭，为伤病员洗伤换药，筹来的少量衣物总是先发给伤病员，自己和几个干部则挤坐在篝火旁过夜。1933 年夏，谢子长在上海中央局“受训”期满，先到天津，后被派往张家口察绥民众抗日同盟军吉鸿昌部第 18 师工作，协助许权中指挥作战。11 月，谢子长回到陕西，任中共中央北方代表派驻西北军事特派员，在极端困难的条件下恢复了陕北红军游击队第 1 支队，壮大了第 2、第 3 支队，建立了第 4、第 5 支队，并协助地方党组织建立赤卫军、少先队、妇女会等，扩大了党和红军的影响，建立了安定、延川根据地。

1934 年 7 月，谢子长任陕北红军游击队总指挥部总指挥，率部奇袭安定县城，占领县政府，救出被捕的中共党员和革命群众，使红军军威大振，推动了陕北游击战争的开展。8 月兼任红 26 军 42 师政治委员，率红 42 师第 3 团及陕北游击队支队，进行陕北、陕甘边苏区第三次反“围剿”，连续取得清涧河口、横山董家寺、安定县城等战斗的胜利。在河口战斗中，不幸胸部中弹，身负重伤。他不顾个人安危，忍住剧痛，坚持指挥作战，直到战斗完全胜利。

1935 年 2 月，谢子长被选为中共西北革命军事委员会主席。此时的谢子长因上次在战斗中受伤，医疗条件极其有限，伤势不断恶化，21 日在安定县灯盏湾逝世，年仅 38 岁。同年，中共西北工作委员会决定将安定县改名为子长县。1939 年，中共陕甘宁边区党委和政府决定将谢子长的遗骸移葬于他的家乡枣树坪并修建了谢子长烈士墓。毛泽东亲笔为谢子长墓题词“民族英雄，虽死犹生”，并写了 277 字的碑文。

1945年2月19日，谢子长逝世10周年前夕，中共中央西北局和陕甘宁边区政府又为谢子长在瓦窑堡修建了陵墓，并举行了隆重的移葬公祭，凭吊者逾两万人。毛泽东再次题词："谢子长同志千古。前仆后继，打倒人民公敌。"朱德题词："子长同志，陕北人民领袖，前仆后继。"当时，中共中央、中央军委的其他领导人刘少奇、周恩来、任弼时、彭真、贺龙、刘伯承都为谢子长墓题了词。

……

寻访谢子长故里

2018年4月20日晨，我们一行三人，从子长县城出发，去30多公里外的李家岔镇石家湾村寻访毛泽东率中共中央转战陕北时住过的窑洞。此行正好路过民族英雄谢子长将军故里——枣树坪村。车子行驶在子靖线公路上，沿途连绵起伏的群山，随处可见镶嵌着相同肤色的土窑洞，自然天成，还有开采石油的机器在静静地运转。散落在黄土高原里的革命旧址，大多偏僻难行，现在有导航系统就方便了许多，但没有柏油路的地方无法导航，只能询问村民或凭感觉寻找。走了20多公里，我们找到了谢子长的出生地。

在公路西侧有一块平坦的地面，中间立着一座高大雄伟的雕像，他就是威武的谢子长将军。在公路东侧的石墙上，有1945年中共中央西北局为纪念谢子长逝世10周年题写的黑底金字挽联"一生为人民创造红地，百姓到如今叫你青天"。登上一段陡峭的石阶，高低错落着16孔窑洞，由上院、店院、下院、侧院组成。经过修缮后的谢子长故居，院落干干净净，但依稀保留了沧桑岁月的面貌。

上院的右边第一孔窑洞即为谢子长出生地，这里是他16岁前生活成长的地方。

站在此地，向对面远望，一条干枯的河沟，弯曲着伸向远方。千百年风沙堆积而成的黄土高原，一望无际。已是春末夏初，但所有的山上，仍是土色与深灰色的苍茫，偶有几株刚刚泛绿的树木，正唤醒着大地。

可能平时很少有人来吧，谢子长故居的所有窑洞都是锁着的，透过门窗的缝隙，隐约看见一些图片资料。我回到公路上，正叹息无人可询而欲离开，突见店院的后面冒出一位老汉，看上去七十来岁的样子。我以为他是这里的看护人，便紧走几步向前打招呼，他说只是经常过来走走的村里人。好容易遇到一个本地人，怎能轻易放过，还是从他那里寻得一些故事：

陕北有两位了不起的人物，一是刘志丹，二是谢子长，他们逝世后，本县人为了纪念，以他们的名字改了县名。谢子长和刘志丹不仅是陕北革命根据地的创始人，更是革命战友，感情深厚。刘志丹曾两次看望病中的谢子长。第一次在白庙岔柳渠，当时陕北特委在白庙岔一带驻扎，马明芳在这里成立了陕北省政府，那时谢子长已经负伤，他给刘志丹写信，请他来陕北商量事情，第一封信没能送到，送信人被捕遇害了。他二次派人送信，当时刘志丹在南梁，接信后赶到白庙岔，他们商量怎样把陕甘和陕北两块根据地统一起来，怎样把两个地区的党委统一起来，如何粉碎敌人对陕北苏区的第二次“围剿”等，双方意见很一致。

位于子长县李家岔镇枣树坪村的谢子长出生地故居（2018 年）

第二次见面是在灯盏湾，当时谢子长已经病得不能走了，只能靠担架抬着。过了正月十五，刘志丹过来看他，第一眼看到谢子长半躺在简陋窑洞的土炕上，消瘦得不成样子。谢子长忍着伤痛要坐起来，两双手紧紧握在了一起。老汉讲述的这一幕情景，我曾在延安革命纪念馆里看到过，是刘志丹看望谢子长的一组泥塑。刘志丹含着眼泪说：“你怎么瘦成这个样子，你要早点告诉我，早就来看你了，上次在柳渠看你，也没见你身上怎么样，今天怎么就瘦得皮包骨了。”刘志丹这次来看望谢子长，主要商量了成立西北军事委员会和成立西北工作委员会，以及把红26和红27军统一起来的问题。谢子长想让刘志丹担任军委主席，刘志丹说：“这不行，你是老大哥（谢比刘大6岁），你在陕北威信高，老百姓都叫你谢青天，你要当主席，事情就好办了。”谢子长说：“不行，我伤成这个样子，军委主席一定要你来担任。”刘志丹再三推让说，愿当谢子长的助手。又说：“咱们这样行不行，名你挂上，具体我来指挥。”谢子长坚决表示连名也不挂。几番让来让去，谢子长最后说：“我以西北军事特派员的身份，指定你来当西北军委主席”。这样一来，刘志丹只好答应。

这次分别之后，谢子长的伤势不断恶化。去世前，他流着眼泪说：“我对不起陕北，对不起老百姓！”

红色基因有传承——延安八一敬老院

在延安，有一个非常特殊的敬老院——八一敬老院。与一般敬老院不同的是，住在这里的老人都是曾经为了中国的革命事业而浴血奋战的老兵。在陕北寻访革命历史足迹的过程中，我遇到过许多老八路、老解放，但从来没有见到过老红军，延安的朋友跟我说八一敬老院里有老红军。2018 年 4 月 14 日下午，在枣园写生之后，我带着极大的崇敬和探奇之心走进了延安八一敬老院。走进院子，感觉这里的环境和建设条件比高级宾馆还要好。穿着绿色军装的老人，三三两两，有的坐在一起聊天，有的散步，有的打太极拳，有的唱歌，还有学校的孩子们陪着老人聊天、听故事，好一个幸福和谐的乐园。

我认识了十几位革命老战士，其中一位是 100 岁的老红军王步福，他胸前佩戴着四枚建国纪念章，虽然听力有些不济，但身体依然硬朗，思维很清晰。我问他们的晚年生活是否幸福，92 岁的老八路同景飞含着激动的眼泪说："想起那些已经牺牲的战友，我们能活下来就已经很幸福了！党和国家给我们创造了这么好的生活，当然幸福了！也正因为今天的幸福，更让我们忘不了那些牺牲的战友。"同景飞说话时语速很慢，担心我听不清楚，尽量提高声音，尤其是说到"战友"两个字时，刚毅中带着悲情。"我们曾经在一个战壕里伏击过敌人，一起执行过特别的任务……"口中反复念叨着战友的名字。百岁老红军王步福，虽然说话已不清晰，但一直激动地点头。

作者与老红军王步福（中）、老八路同景飞（右）（2018 年）

王步福，100 岁，老红军，清涧人，1935 年在延川参加陕北红军。1936 年在刘志丹领导的红 25 军中当一名警卫员，并随红军部队参加了东征。在抗日战争和解放战争时期，他在彭德怀领导的部队里又当了 20 年的革命战士，参加了磁武涉林战役、百团大战、青化砭战役、蟠龙战役、沙家店战役等。据室友同景飞介绍，王步福是名很聪明的战士，也是一名很能打的战士。虽然经历了几十次战斗，只有头部和右腿部有刀伤和弹伤。同景飞说他是一名福星老红军，是爹妈起的名字太好了，王步福听了笑容满面。

同景飞，92岁，老八路，志丹县人。1939年3月参加八路军，那时才13岁，后在359旅特务连当号兵，参加了开垦南泥湾大生产运动，晋察冀边区多次参加抗日游击战。中共中央转站陕北期间，在西北野战军跟随王震的部队参加过羊马河、蟠龙、榆林、岔口等战役。1949年复员回乡务农。我问他在战斗中有没有负伤，同景飞抬起他的右臂说，胳膊被子弹打穿了，另外脖子和右脚也有多处弹伤和烧伤，现在还有清晰的伤痕。在我要离开他们的寝室时，同景飞又补充道："我是刘志丹将军的妻侄。"

作者与老八路梁军（左）（2018年）

梁军，91岁，老八路，富县人，1942年参加八路军，主要任务是保卫延安。他说，解放战争时期在西北野战军当兵，当时彭德怀任司令员，张达志任军长，王家英任他们的团长。1948年参加关中蒲城县战役时，在与国民党交战时，连战三天三夜，一口饭、一滴水未进，最后他所在的连几乎全部阵亡，他被手榴弹的弹片打到头上，当场昏厥。1949年参加了解放兰州战役和两次解放宝鸡的战役，在战斗中右腿中了一枪。他因个人表现优秀先后被调到上海、重庆学习，后来自己要求回到农村，任村支部书记，1993年被接到延安八一敬老院休养。

作者与老解放付泰恩（中）（2018年）

付泰恩，88岁，老解放，安塞人。1947年刚一参军，蒋介石就派胡宗南的部队进攻延安了，中共中央和毛泽东决定主动撤离，转站陕北。付泰恩随着彭德怀领导的西北野战军转战陕北，保卫党中央，参加了青化砭、蟠龙、沙家店等战役。1948年，付泰恩在参加解放宝鸡战役时，头部被炮弹打了一个洞，伤疤至今还在。1949年，付泰恩参加了解放西南战役；1950年参加了抗美援朝战争。抗美援朝战争结束后复员回家。

刘玉吉，85岁，老解放，延川县人。1945年参军，随后成为晋绥野战军的一名医护兵，同年9月在延安见证了抗日战争的胜利。1947年，中共中央转战陕北，他转为西北野战军医护兵，参加了青化砭、蟠龙、瓦子街、黄龙等战役；1948年参加了解放西北战役。刘玉吉跟我说，他家兄弟四个，有三个参了军。

解放西北胜利纪念章

聂启荣，82岁，老解放，富县人。1947年参军，在部队上做机要工作，后在新疆军区退役。聂启荣在八一敬老院里算是比较年轻的了，他性格开朗，能唱能跳，活泼乐观、谈笑风生。聂启荣太活泼了，见有人来，他主动上前打招呼，主动带我去找老红军、老八路、老解放，翻译工作做得也很好。

……

这些可爱的老人，年龄越来越大。他们终将一个个离我们而去，但他们给我们留下的革命优良传统是无价之宝。在我心里，他们都是国家的宝贝。

解放西南胜利纪念章（作者藏品）

瓦窑堡毛泽东旧居

水墨设色纸本 / 69cmx69cm

写生地点→陕西省延安市子长县瓦窑堡革命旧址

写生时间→ 2018 年 4 月 19 日

我在寻访毛泽东转战陕北走过的地方途中，除了寻访和收集那些革命旧址和历史故事以外，也寻访和收集了许多涉及陕北历史文化、文物古迹、民间艺术、民俗民风等内容，其中许多东西非常值得珍藏。

2018 年 4 月的一天，我走进延安大学，采访了陕北说书代表性传承人韩应连。她向我讲述了她的父亲韩起祥从一个穷困潦倒的盲人，成长为一名著名的说书艺术家的人生经历，以及在延安时期，为中央首长及群众演出的故事。

2018 年 4 月，我到子长县寻访毛泽东在任家山村住过的窑洞情况。在完成主要任务之余，我又专程到瓦窑堡了解瓦窑堡会议的那段历史，对瓦窑堡革命旧址进行参观与写生。期间，子长县文联主席王明如和党史专家王志厚，向我详细讲述了瓦窑堡会议的经过。在与陕北著名的唢呐艺人焦养亮时交流时，我们竟然在意料之外编排了一场演出活动。他带上徒弟在瓦窑堡革命旧址毛泽东雕像前演奏了“山丹丹花开红艳艳”。随后我将毛泽东在瓦窑堡时住过的中盛店院的窑洞旧居画下来，以为纪念。

毛泽东在瓦窑堡中盛店院旧居院落坐西向东，有两排砖窑，分前、后两个小院，可由过洞前后相通。毛泽东住在后院右起第一二孔窑洞，两孔窑内有过洞相通，陕北人称为套窑。毛泽东到这里以后，首先要解决的问题是为含冤入狱的刘志丹等人平反，并在这里接见了刘志丹。1935 年 12 月 17 日至 25 日，中共中央在瓦窑堡召开了政治局扩大会议。日本侵华战争爆发后，出现了国家存亡问题，会议主要讨论如何救国，怎样对付蒋介石反动派。通过瓦窑堡会议，中共中央确定了建立抗日民族统一战线的方针政策。

……

钟山石窟佛造像

水墨设色纸本 / 69cmx100cm

写生地点→陕西省延安市子长县安定镇钟山石窟 3 号窟内

写生时间→2018 年 4 月 19 日

在子长县境内寻访期间，得知这里有一处不可不观的文物古迹，就是陕北著名的钟山石窟，据说它是延安地区石窟造像风格民俗化的典型。

2018 年 4 月的一天中午，我们一行 3 人离开瓦窑堡革命旧址后，便向钟山南麓方向去寻找钟山石窟。钟山石窟处在安定镇东南，秀延河在这里穿过。在秀延河畔，远见有一座山峰如巨钟倒扣，故名钟山，在其南麓，便是钟山石窟。那日天气炎热，游人极少。石窟管理员得知我是到此写生的，便去拿来钥匙，打开了 3 号石窟大门。管理员将我引进黑漆漆的石窟内，让我自由参观，然后自去忙了。

钟山石窟目前开放的有 5 个石窟，3 号石窟是最大的一窟，其他几窟不仅规模小，而且窟内的雕像已经严重风化，难见原貌。在 3 号石窟内参观密密麻麻的岩壁佛造像时，想起了 2016 年我在富县石泓寺石窟参观写生的情景，两者在整体风貌上很相似。

我在钟山石窟完成了两幅写生作品，一幅画的是 3 号石窟内景，一幅是石窟外景和石宫寺古塔。

听本地人说，1947 年，胡宗南的部队占领延安之后，便紧紧追赶中共中央转战陕北的毛泽东。当追到子长县境内时，除了侦察中共的行踪，还要抓壮丁、搜粮食。有一支国民党部队，搜到了钟山石宫寺。当时石宫寺正殿前有一口巨大的铜钟，山上的古塔四角都悬挂有小铜钟。国民党军官立刻派兵拉走了所有的铜钟，送到兵工厂制成炮筒。后来，国民党的飞机又炸毁了钟鼓楼和三官楼。

……

钟山石窟石宫寺塔

水墨设色纸本 / 69cmx69cm

写生地点→陕西省 cm 延安市子长县安定镇钟山石窟景区

写生时间→ 2018 年 4 月 19 日

后记

有一种幸福叫分享

众人拾柴火焰高，本书能够顺利出版，离不开大家的帮助。与大家分享这部书的故事，于我是件非常幸福的事情，因此我要感谢关心和支持这份幸福的社会各界热心人士，以及师友亲朋，因为有你们，我的陕北寻访、创作之路才会走得更远。再次表示衷心地感谢和祝福！

特别感谢以下师友亲朋的大力支持与帮助，顺序不分先后。

李小可 刘　莹 吕奇伟 康守永 冯　枚 高立平 徐建辉 李佳健 陈　谦 张九平 刘维平
刘生胜 杨　政 王小平 任长安 严　波 陈　艳 高彦平 延永生 田再兴 康德武 刘喜林
马存平 任　伟 曹　瑜 成　路 张　凡 王炳义 赵　宏 韩应莲 陈　芳 解明生 崔景华
任海喜 商成勇 李亚丽 任长值 任　耀 高冬梅 高建华 高　宇 高彦飞 杨建颖 韩晓月
高剑利 郭广军 高克仁 刘文界 苗发栋 李剑鸣 李庆增 薛晓华 刘　强 刘　伟 刘亚莲
李　星 汪秀英 李心华 李　正 张子佳 李宜轩 李峰寨 符慧杰 郭佩珍 马连军 苗发源
申斌斌 高频频 周威薇 王贺轩 张　玲 张小建 缑军安 赵怀军 庄晨阳 刘金权 康世录
任军权 赵宝禄 张录平 高信耀 田耘耕 武正生 刘宏祥 杨光剑 刘　莉 韩应莲 殷宇鹏
尚　源 薛　敏 肖志远 拓钰东 暴海雄 王　沛

同时更要感谢为本书提供摄影图片的个人和单位。其中有些历史图片，由于年代久远，与个别作者未能取得联系，希望见到本书后与我们联系，以便支付薄酬和赠送样书。

本书部分资料参考了以下书籍文献，一并致谢！

毛主席在延安领导中国革命纪念馆：《毛主席在延安的故事》，陕西人民出版社 1978 年版；汪东兴：《汪东兴日记》，当代中国出版社 2010 年版；中共中央文献研究室：《毛泽东年谱》，中央文献出版社 2013 年版；刘卫平：《转战陕北》，陕西师范大学出版社 2014 年版。

本书难免有不足和纰漏之处，读者如有发现，欢迎批评指正，以便再版时及时校正。

作者

2021 年 10 月

寻伟人足迹

听窑洞故事

《窑洞红光》三部曲

是心灵的乐章

来吧

让我们一起出发